달라도 괜찮아, 인도잖아

십대에게 주는 엄마의 여행 선물

달라도 괜찮아,
인도 잖아

십대에게 주는 엄마의 여행 선물

펴낸날 | 2020년 6월 30일

지은이 | 최현숙

편집 | 정미영
디자인 | 석화린
마케팅 | 홍석근

펴낸곳 | 도서출판 평사리 Common Life Books
출판신고 | 제313-2004-172 (2004년 7월 1일)
주 소 | 경기도 고양시 덕양구 중앙로558번길 16-16, 7층
전 화 | 02-706-1970 팩 스 | 02-706-1971
전자우편 | commonlifebooks@gmail.com

최현숙 ⓒ 2020
ISBN 979-11-6023-262-2 (03910)

달라도 괜찮아, 인도잖아

십대에게 주는 엄마의 여행 선물

최현숙 지음

평사리
Common Life Books

들어가는 말

　인도로 가는 여행을 꿈꾼 것은 이성규 감독의 독립영화 〈오래된 인력거〉를 보고 난 뒤입니다. 인력거꾼으로 캘커타의 거리를 누비며 맨몸으로 세상과 맞선 인물인 샬림의 삶을 다룬 다큐멘터리였지요. 샬림은 고향에 두고 온 아픈 아내와 조카들까지 열세 명의 가족을 위해 뜨거운 아스팔트 위를 맨발로 달렸습니다. 샬림의 삶은 대물림해 온 가난, 계급 사회의 불평등을 고발합니다. 그런데 나는 도로 위를 달리는 샬림의 옆으로 스치는 거리의 풍경에 흠뻑 빠졌습니다. 자동차와 릭샤(자전거나 삼륜차 형태의 인력거), 오토바이, 게다가 소까지 뒤섞여 오가는 거리의 혼잡함, 뿌연 흙먼지, 몬순이 몰고 온 비바람으로 집 안에 들어찬 물을 퍼내는 광경도 인상 깊었습니다.

　오랫동안 품어 왔던 인도를 2017년과 2020년 겨울, 두 차례 다녀왔습니다. 시간 차를 두고 북인도와 남인도를 다녔지만 제가 본 것은 일부이며 아직도 볼 것이 많습니다. 곳곳을 직접 한 걸음 한 걸음 느끼며 다니지 않았다면 인도의 다양한 문화와 빼어난 풍광이 얼마나 잘 어울리는 곳인지 몰랐을 것입니다.

델리에서 남쪽 카니아쿠마리까지 기차로 가려면 2박 3일 무려 60시간을 타야 합니다. 가도 가도 끝이 닿지 않는 드넓은 대륙입니다. 저는 이 낯선 대륙을 여행하면서 아름다운 자연 풍경, 오랫동안 이어 온 문화유산, 그리고 형형색색을 달리하는 수많은 사람을 만났습니다. 인도를 다녀온 사람의 반응은 크게 두 가지입니다. 인도의 모든 것에 빠져 곧 다시 가겠다는 사람, 경멸하고 야유하며 불평을 늘어놓는 사람입니다. 하지만 누군가 전하는 정보에 따라 좋고 나쁘다는 선입견을 갖기보다, 있는 그대로 보고 느끼면 된다고 생각합니다.

여행길에 나서면 고생도 하고 실수도 하고 두렵기도 하지만 설렘과 즐거움이 더 큽니다. 익숙하지 않은 것들에 적응하는 동안 자신의 새로운 모습을 깨닫게 됩니다. 또 살던 곳과 얼마나 다른 지를 몸으로 익히게 됩니다. 위험은 항상 따르지만 조심하고 돌출 행동을 하지 않으면 큰 탈은 없습니다. 어디나 사람 사는 곳입니다. 작은 배려에도 고마워하고 미소 짓는 사람들을 어디에서나 만날 수 있답니다.

　13억이 넘는 인구가 사는 인도는 한반도 면적의 15배 크기라 기후도 다양합니다. 북쪽 히말라야 설산이 있는 곳의 고산, 서부 라자스탄 일대의 건조한 사막, 남서부의 열대 우림, 남부 데칸고원의 선선함에 이르기까지 다양한 변화를 경험할 수 있습니다. 인도를 여행하기에 가장 좋은 계절은 건기로, 우리 기준으로 11월부터 2월까지입니다.

이 책에는 인도를 여행하면서 보고 느낀 것과 다녀와서 다시 공부한 내용을 담았습니다. 여행하면서 궁금했던 것과 알게 된 것을 글의 사이사이에 문답으로 정리해 놓았습니다. 언젠가 인도를 여행할 청소년의 눈높이에 맞추려고 했습니다. 읽다 보면 자연스럽게 인도의 역사와 인물, 종교와 문화에 대한 지식을 얻을 수 있을 것입니다. 우리 청소년이 이 책에서 서로 달라서 다양함이 넘치는 인도를 만나기를 바랍니다. 그리고 서로 다름을 존중하는 인도인의 열린 마음을 만나기를 바랍니다.

2020년 6월
최현숙

차례

남인도 데칸고원

남인도 서부 해안

남인도 동부 해안

인도가 궁금해_목록

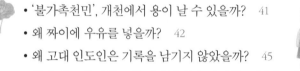

북인도 ①

델리

사르나트
바라나시

과거와 현재가 공존하는
델리Delhi

인도에서는 기다림에 익숙해야 돼. 인천공항에서 델리까지 보통 7시간 걸리는데 중간에 난기류를 만나서 예정보다 1시간 늦게 델리공항에 도착했어. 입국심사장에서 전자비자 발급하는 줄에 섰는데, 뭐든 빨리빨리인 한국에 비해 이곳은 느려. 남녀 따로 줄을 세우는 것도 특이해. 출국장을 빠져나와 공항 밖으로 나왔어. 쌀쌀한 날씨, 매캐한 공기, 여기저기서 울려대는 자동차 경적 소리가 채 가시지 않은 어둠을 휘젓고 있더구나. 숙소에 도착하니 새벽 5시야. 약간의 피로감과 함께 무사하다는 안도감에 잠을 청했어.

델리의 아침은 뿌옇더구나. 안개인지 스모그인지 도시가 연기에 갇힌 듯하지만 곧 햇살이 비쳤어. 델리는 고대의 유적, 혼란했던 근대의 흔적, 그리고 속도감 있게 발전하는 현대의 모습을 함께 볼 수 있는 도시야.

델리공항

　아침 투어버스를 탔어. 누군가 커튼으로 창을 가리니 조수가 깜짝 놀라며 커튼을 걷는 거야. 델리 시내를 다니는 버스는 절대 커튼을 쳐서 창을 가리면 안 된대. 커튼을 쳤다간 벌금을 낸다는 거야. 수년 전 버스 안에서 한 여성이 집단 성폭행을 당해 숨지는 사건이 벌어진 후 그런 규정이 생겼대.

　인도의 수도인 델리는 올드델리와 남쪽에 새로 건설한 뉴델리로 구분할 수 있어. 깔끔하고 세련된 느낌인 뉴델리는 1931년부터 수도야. 시가지 도로는 시원하게 뻗어 있고 중심지엔 대통령 관저, 국회의사당, 국립박물관, 국립현대미술관 등 여러 관공서가 모여 있어. 델리 시내에 지하철이 들어온 때는 2002년이야. 지하철을 탈 때는 가방 검사와 몸수색을 받아야 해. 델리에서 지하철은 군사시설이야. 테러를 막기 위해서래. 기관실 바로 뒤에 여성 전용 칸이 따로 있어.

델리 지하철의 특별한 점은 세계 최초로 탄소배출권을 얻은 친환경 지하철이라는 점이야. 탄소배출권은 1997년 일본 교토에서 지구온난화의 원인이 되는 온실가스를 억제하기 위해 여러 국가들이 합의해 만든 제도야. 이산화탄소 등의 온실가스를 감축하면 그 양만큼 탄소배출권을 인정해 줘. 반대로 이산화탄소 배출을 줄이지 못한 기업은 비용을 내야 해. 대신 숲을 조성하거나 친환경적인 기술을 발휘한다면 탄소배출권을 다른 기업에 팔 수 있게 했어. 인도 지하철은 차량을 멈출 때 드는 에너지의 33퍼센트 정도를 시스템으로 되돌려서 에너지 낭비를 줄이는 기술을 썼다고 해. 그만큼 탄소를 배출할 수 있는 허가를 얻은 거지.

우리나라 기업도 이런 인도의 지하철을 건설하는 데 참여했어. 실제 운행하는 차량을 생산해 납품하기도 했지. 2008년부터 인도 지하철은 검표원이 돈을 받고 표를 끊어주던 방식을 완전 개선했어. 바로 우리 기업이 개발한 기술인 비접촉식 자동 개표 시스템을 도입했기 때문이지. 뉴델리 뿐만 아니라 벵갈루루, 자이푸르 지하철도 이 시스템에 의해서 운영되고 있단다.

이슬람 왕조의 승전탑
꾸뜹 미나르

  뉴델리의 첫 방문지는 꾸뜹 미나르였어. 델리를 정복한 꾸뜹우드 딘 에이백이 세운 72.5미터(약 33층 높이)의 원통형 승전탑이 있는 곳이란다. 인도에 있는 탑 중에 가장 높은 탑일 거야. 힌두 왕조를 멸망시킨 이슬람의 힘을 과시하기 위해 세웠대. 이곳엔 현대 과학으로 설명하기 어려운 고대 유물 '오파츠'가 있어. 바로 쿠와트 알 이슬람 모스크의 안뜰에 있는 쇠기둥이야. 1,500년이 넘는 기간 동안 비바람과 뜨거운 햇살을 견디었을 텐데, 녹슬지 않고 철 함량이 무려 99.99퍼센트까지 나온다는 데 놀라울 따름이지. 대기 중의 철은 산소와 결합하면 녹슨다는 상식을 뒤집었잖아. 그래서일까 이

쿠와트 알 이슬람 모스크의 안뜰에 세워진 쇠기둥, 오파츠

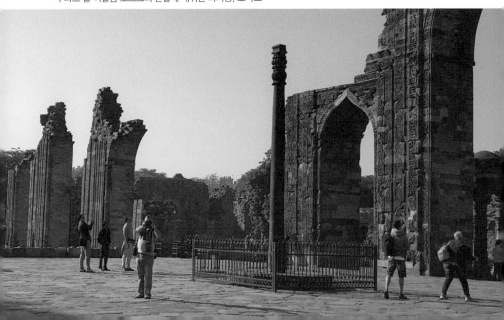

쇠기둥을 양손으로 안아 깍지를 끼면 소원이 이루어진다는 전설이 있어. 지금은 사람들이 너무 많이 몰려와서 보호망으로 둘러 놓았단다.

쿠와트 알 이슬람 모스크는 인도 최초의 이슬람 사원이야. 델리를 정복한 꾸뜹우드 딘 에이백은 27개의 힌두교 사원을 다 파괴하고 나온 돌을 골라 이슬람 사원을 지었대. 사원 옆에는 벽돌을 쌓아 올린 또 하나의 승전탑인 알라이 미나르가 있어. 건설을 명령했던 왕이 1층만을 완성시키고 암살되는 바람에 미완성으로 남아 있지만 둘레만 무려 25미터야. 꾸뜹 미나르의 1층 지름이 15미터이니까 만약 알라이 미나르가 완성되었다면 꾸뜹 미나르보다 훨씬 높아서 하늘을 찌를 듯이 위압적이었을 거야. 모든 것을 사람의 손으로 일일이 조각하고 쌓아 올렸다니 감탄스러워.

역사 유적지라 견학하러 온 학생들이 많더구나. 유치원생부터 고등학생으로 보이는 학생까지 줄지어 들어왔지. 교복을 입고 호기심 어린 눈빛으로 둘러보는 아이들로 유적지가 들썩였어.

• 인도의 역사는 어떻게 전개되었을까?

광대한 대륙인 인도는 오랜 세월 이민족의 침략과 그들의 정착으로 다양한 문화가 섞인 곳이야. 여러 왕국과 종족이 대립해 온 역사인데, 이곳에서 흥망성쇠했던 세력들을 살펴보면 오늘날 인도에서 일어나는 갈등과 문화를 이해하는 데 도움이 된단다.

① 인더스문명(기원전 3300~1300년): 파키스탄 펀자브 지역에서 발생한 최초의 문명이야. 인더스강을 중심으로 농사를 짓기 위한 수로가 질서 있게 만들어진 도시 유적인 모헨조다로와 하라파가 남아 있어.

② 베다시대(기원전 900~500년): 유목민이던 아리아인이 남쪽으로 내려와서, 농사를 짓던 토착민을 지배하면서 카스트제도를 만들었어. 이때 입으로 전해 오던 기도문을 문자화했는데 이걸 베다라고 해. 베다는 '지식'이라는 뜻인데 윤회, 카스트, 다르마 등 인도 문화의 핵심이 들었지. 인도의 역사서인 〈라마야나〉와 〈마하바라타〉도 이 시기에 쓴 거야.

③ 십육시대(기원전 800~300년): 지금의 아프가니스탄부터 벵골과 마하라슈트라주가 자리한 곳에 부족들을 통합한 작은 국가들이 나타났어. 특히 16개 국의 힘이 강력했어. 당시 철학과 제례와 경전 연구가 활발했지. 이 시기에 석가모니가 불교를, 마하비라가 자이나교를 창시했단다.

④ 페르시아와 그리스 침공(기원전 530~322년): 페르시아가 쳐들어와 지금의 파키스탄과 아프가니스탄 지역을 200년간 통치했어. 알렉산더 대왕도 지금의 펀자브 지방을 지배했지. 중앙아시아와 그리스 문화가 이때 들어왔어.

⑤ 마우리아 왕조(기원전 32년~기원후 185년): 찬드라굽타 마우리아가 세운 왕조로 인도 대륙 대부분과 지금의 아프가니스탄 지역까지 점령했지. 통일 제국의 안정기에 아소카왕은 불교를 진흥시켰어.

⑥ 쿠샨 왕조(105~250년): 중앙아시아의 월지족이 지금의 아프가니스탄과 파키스탄 지역에 쿠샨 왕조를 세웠어. 그리스 문화를 받아들여 불교와 융합했지. 비단길을 통해 중국, 로마와 교역하고 불교를 전파했지.

⑦ 굽타 왕조(280~550년): 인도의 황금시대야. 예술·문학·기술·수학·종교·철학·점성술이 발달했고 숫자 '0'의 개념과 십진법도 생긴 시기야. 또 브라만교, 불교, 민간신앙이 섞인 힌두교가 등장했단다.

⑧ 지방 왕조시대(550~1206년): 북쪽에는 프라티하라 왕조, 동서로는 팔라 왕조, 남부 데칸고원 일대는 라슈트라쿠타 왕조, 인도 대륙 남쪽에도 팔라바와 촐라, 칠루키아와 같은 힌두 왕조가 세워졌어.

⑨ 이슬람제국시대(1206~1526년): 델리술탄 왕조가 북인도와 남쪽의 데칸고원 일대를 장악했어. 남인도 함피라는 곳에 무역으로 번성한 힌두 왕조인 비자야나가르가 있었지만 결국 이슬람 세력에 의해 멸망해.

⑩ 무굴제국(1526~1858년): 몽골족의 후예 티무르제국이 북인도를 정복해 무굴 왕조를 세웠어. 거의 200년에 걸쳐 통치하면서 남부 일부를 제외한 인도 전체를 통일하고 대제국을 건설했지. 타지마할도 이때 세워졌고 문화나 예술도 황금기였어.

⑪ 식민지 시기(1859~1947년): 영국의 동인도회사는 플라시전투를 통해 북동부를 차지하던 프랑스를 내몰아. 미약한 세력으로 남은 무굴제국도 세포이항쟁을 계기로 몰락하고, 영국은 인도를 직접 통치하게 돼.

⑫ 독립 이후(1947년~현재): 독립 후 인도는 힌두교도가 대다수인 인

도 공화국과 이슬람교도가 대다수인 파키스탄으로 분리돼. 1971년 파키스탄과 국경 분쟁 후 동파키스탄이 방글라데시가 되었어. 인도는 현재 대통령을 선출하는 연방제, 의원내각제 공화국이야.

뉴델리의 상징
인디아 게이트

두 번째 방문지는 뉴델리 한복판 중앙교차로에 서 있는 인디아 게이트야. 파리의 개선문처럼 웅장하지만 인도만의 느낌과 분위기가 서려 있어. 제1차 세계대전에 참가했다가 사망한 인도인을 추모하는 42미터 높이의 위령탑이야. 85,000명의 전사자 이름을 벽돌

인디아 게이트

한 장 한 장에 새겨 놓았는데, 문 안쪽에는 무명용사를 기리는 '영원의 불꽃'이 꺼지지 않고 타고 있단다.

인디아 게이트와 마주보고 있는 아마라죠띠 역시 전쟁 추모비야. 1971년 인도와 파키스탄과의 전쟁에서 전사한 병사의 영혼을 기리기 위한 것이지. 이곳 역시 견학 온 학생들로 꽉 찼어. 특별한 것은 인디아 게이트 앞에 있는 휴지통에 모두 간디의 안경이 그려져 있는 거야. 어떤 사연이 있을까 상상해 봤어. "간디 선생님이 보고 계시다. 쓰레기를 함부로 버리지 마라!" 뭐 이런 의미 같아. 간디를 존경하는 인도인이라면 쓰레기를 함부로 버리려 하다가도 움찔할 것 같거든. 근처에 간디가 힌두교 광신자에게 총에 맞아 사망한 장소를 기념하는 간디슴리띠도 있어.

• 어떻게 영국의 식민지가 되었을까?

영국이 인도에 진출한 것은 정부가 아니라 동인도회사가 먼저야. 무역항인 봄베이(현 뭄바이)와 캘커타에서 중개무역을 하면서 많은 영국인이 들어왔지. 그중에 기독교를 전하는 선교사도 많았어. 자연스럽게 기독교와 이슬람교간에 갈등이 생겼지. 벵골 제후는 캘커타를 공격해 백여 명이나 되는 영국군과 영국 여성과 아이들을 붙잡아 지하창고에 가두고 죽이는 참혹한 일을 저질렀어. 이 사건이 영국 본토에 알려졌고 응징해야 된다는 목소리가 커졌지. 캘커타로 쳐들어온 동인도회사 용병과 영국군은 플라시평야에서 벵골제국의 4만여 병력과 맞붙게 된 거야. 10대 1의 불리한 여건이었던 영국군은 야비하게 벵골 제후의 부하 장군을 매수했어. 부하 장군에게 현재의 제후를 물러나게 하면 새로운 제후 자리에 올려 주겠다고 약속했지. 결과는 뻔하지. 부하의 배신으로 벵골 제후는 폐위되고 벵골 지역은 사실상 동인도회사의 지배에 들어간 거야. 그러자 다른 제후들도 군사적으로 보호받는 조건으로 동인도회사에 돈을 바쳐야 했어.

본업인 무역을 통해 돈을 벌어야 하는 동인도회사가 제후와 주민에게 세금을 거두고 각종 이권에 개입하면서 문제가 생겼어. 결국 영국 왕실은 동인도회사를 해산시켰지. 그리고 인도를 자기네 식민지령으로 선포하게 된 거야.

뉴델리역 건너편은 빠하르간즈 거리야. 여행자를 위한 숙소는 물론 상점과 식당이 많아. 상가가 있는 시장으로 갔지. 다양한 차와 보스웰리아도 팔더구나. 보스웰리아는 유향나무의 진액인데, 프랑킨센스나무 껍질에서 나온 수액을 굳힌 거야. 관절을 튼튼하게 돕는 기능식품의 원료로 유명하지. 히말라야 동북쪽 지방에서 생산하는 다즐링차를 조금 샀어. 밝은 색을 띄는 홍차인데 맛과 향이 좋단다.

인도에서는 술을 파는 곳이 많지 않아. 우리나라처럼 아무 곳에서나 살 수 없고 정해진 곳에서만 살 수 있어. 인도에서 술을 마시고 흥청대는 것은 힌두교를 신봉하는 문화와는 맞지 않아서래. 여행자가 많이 찾는 가게에 가면 럼주는 살 수 있어. 럼주는 사탕수수를 압착해 얻은 즙을 발효시켜 증류한 술이야. 럼주의 도수는 최소 40도인데 콜라나 주스와 섞어서 마시고 빵을 만들 때나 요리를 할 때 넣으면 풍미가 좋아.

사탕수수의 원산지는 인도를 비롯한 동남아시아란다. 인도인은 사탕수수에서 나오는 단물로 설탕 만드는 법을 알아냈어. 인도의 설탕은 중동지방을 통해 유럽과 중국으로 전해졌지. 설탕은 너무 비싸서 귀족이 아니면 도저히 맛을 볼 수 없을 정도로 귀했단다. 금가루처럼 비싼 설탕을 운반하던 배와 상인은 해적의 표적이 되기도 했다는구나.

• 어떻게 세계 최고의 차茶 생산국이 되었을까?

결론부터 말하자면 영국의 식민 지배 때문이야. 1773년에는 인도에 차가 없었어. 차는 오로지 중국에서만 생산했지. 아편전쟁도 차 때문에 일어난 거잖아. 동인도회사는 중국에서 비싼 돈을 주고 차를 사 오느니 인도에서 차를 재배하면 어떨까 생각했지. 아편전쟁으로 혼란했던 때지만 중국으로 비밀요원을 보냈어. 히말라야에 옮겨 심을 차나무를 구하기 위해서야. 하지만 비밀요원이 보낸 수천 개의 나무 묘목은 죽어 버렸어. 고민에 빠진 동인도회사로 희소식이 날아왔지. 아쌈 지역을 다니던 영국인이 우연히 야생에서 자라는 차나무 종류를 발견하고 끓는 물에 시험해서 맛을 보니 간절히 찾던 차나무였던 거야. 아쌈 지역에서 생산된 차는 영국인의 입맛에도 맞았고 중국차보다 품질이 좋았지.

원주민 노동자는 아주 적은 돈을 받으며 열악한 환경에서 일했고 모든 이익은 동인도회사의 것이 되었어. 영국인은 인도인에게 100년 동안 차를 팔지도 않았어. 그런데 1930년대 대공황이 오면서 영국 본토에 있는 사람들이 차를 못 사니까 재고가 쌓였겠지. 그때 재고를 없애기 위해 인도 국민에게도 차를 팔기 시작한 거야. 안타깝게도 차를 재배하는 동안 인도의 울창한 숲이 파괴되고 셀 수 없이 많은 야생동물도 사라졌단다.

삶과 죽음이 공존하는 도시
바라나시 Varanasi

델리에서 바라나시까지 비행기로 1시간 50분 정도 걸려. 가는 동안 잠을 푹 자려고 안대를 한 내 모습이 독특해 보이는지 옆에 앉은 인도 승객이 빙긋 웃더구나. 웃음과 미소는 말 없는 언어로 경계심을 금방 무장 해제시키는 힘이 있지. 나에게 중국인이냐 일본인이냐 물어오길래, 사우스 코리아라고 말하니 고개를 끄덕이며 어디서 오느냐, 갠지스강을 갈 거냐, 타지마할도 가느냐 등을 더 묻더구나. 예스라고 대답하니 자신의 휴대폰을 꺼내더니 태권도복을 입은 아들 사진을 보여 주는 거야. 초등학교 4~5학년쯤으로 보이는 아들은 검은 테 안경을 썼는데 영리하고 귀여워 보여서 스마트하다고 하니, 다시 태권도는 중국에서 시작되었냐고 물어. 태권도는 중국도 일본도 아닌 한국에서 시작되었다고 했지. 태권도 종주국인 한국에 대해 더 이야기하고 싶었지만 영어로 표현을 다 못하니 좀 답답하더구나.

그는 비행기에서 깡통에 든 물건을 두 개나 샀어. 인도 국내선 비행기에서는 물건을 팔기도 해. 하지만 두 시간 정도 거리는 기내식 서비스를 주지 않아. 먹고 싶으면 돈을 내고 사 먹어야 해. 깡통 속에 들어있는 물건이 무엇인지는 모르지만 가족에게 줄 선물이겠지. 나는 배낭 안에 있던 한국산 에너지바, 초콜릿, 사탕 그리고 동전까지 탈탈 털어 그에게 줬어. 태권도를 하는 아들에게 갖다주라고 하면서 말이야. 백 원짜리 동전의 주인공은 한국인에게 존경받는 해군 제독 이순신 장군이라고 소개했어. 영국과의 독립전쟁에 적극적으로 참여했던 락슈미바이 여왕 같은 분이라고 했지. 비록 전투에 패배해 비극적으로 생을 마감했지만 인도인에게는 신으로 숭배되니, 내용은 다르지만 침략자에게 맞서 죽음을 무릅쓰고 항쟁했던 점에선 비슷하기 때문이야. 그도 이해하는지 고개를 끄덕였어.

그는 자신의 휴대폰으로 함께 사진을 찍자고 하더구나. 활짝 웃으며 사진을 찍고, 2018 평창동계올림픽 빙상경기 개최지인 강릉에서 왔노라고 말해 주었지. 짧은 만남이지만 정겨웠고 비행기에서 내릴 때는 아쉽더구나.

고돌리아 사거리에서
인도를 만나다

바라나시에 도착해 숙소까지 가는 동안 첫 느낌은 혼잡함 그 자체였어. 사실 바라나시는 인도 여행을 계획하는 사람이라면 가장 가고 싶어 하는 도시지. 가장 오래된 도시면서 힌두교인에게 윤회의 고통으로부터 벗어나 해탈에 이를 수 있는 곳으로 믿는 성스러운 곳이야. 바라나시는 인도에서 발생한 힌두교, 불교, 자이나교의 성지거든. 그래서 바라나시를 '깨달음과 치유의 도시'라고도 불러.

고돌리아 사거리에 위치한 숙소는 갠지스강과 가깝고 또 주변에 재래시장과 상가가 밀집한 곳이야. 자동차와 오토바이 엔진에 지붕을 씌운 바퀴가 3개 달린 오토릭샤, 오토바이, 자전거, 사람들, 심지어 소와 개까지 차도와 인도의 구분 없이 모두가 뒤섞여 다니는 데다 경적 소리와 온갖 소음으로 정신이 멍해졌어. 사거리 교차로 중앙의 둥근 구조물 주위에는 커다란 소가 여섯 마리나 누워 있고, 옆에는 개 세 마리가 그늘을 찾아 한낮의 더위를 피해 잠을 자고 있었단다. 긴 나무지팡이를 든 경찰은 손님을 태우기 위해 지체하는 오토릭샤나 자동차가 있으면 긴 지팡이로 지붕을 사정없이 두드려. 교통 흐름을 방해해서래. 소용돌이처럼 끊임없이 이어지는 행렬을 보는 것만으로도 어지러웠지만 눈길을 뗄 수 없었지.

빤을 파는 청년

숙소 앞 계단에 서서 사거리 풍경을 좀 더 지켜보았어. 길바닥에
는 붉은 핏자국 같은 덩어리가 덕지덕지 붙어 있는 거야. 뭐지? 하
고 보니 도로 옆에서 쌈장 같은 빨간 것과 나뭇잎을 팔고 있는 청년
이 있었어. 지나가던 남자 행인은 그걸 사서 질겅질겅 씹더구나. 나
중에 알았지만 그건 인도인이 즐기는 담배 '빤'이었어. 베틀후춧잎
에 빈랑나무 열매와 향신료를 넣어 껌을 씹듯 씹으면 기분도 좋고
정신을 집중하는 데도 도움이 된대.

빤을 만드는 모습에 빠져 있는데 어디선가 고함소리가 들렸어.
운구 행렬이었지. 하얀 옷을 입은 대여섯 명의 남자들이 대나무로
엮은 들것에 시신을 얹어 뛰어오는 거야. 주황색 천으로 감싼 시신

은 꽃 장식으로 덮어 놓았더구나. 그 뒤로 유족의 행렬도 길게 이어 졌어. 죽은 사람의 영혼이지만 한시 바삐 신의 곁으로 보내 주려고 그랬을 거야. 운구 행렬을 보내고 나니 왠지 마음이 무거웠어.

그런데 이번에는 화려한 장식이 반짝거리는 붉은색 옷을 입은 결혼식 행렬을 만났어. 길을 건너려고 잠깐 지체하기에 다가가 물어보니 결혼식을 마치고 사원으로 가는 길이래. 낯선 외국인이 관심을 보이는 게 신기한지 함께 사진을 찍자고 하더구나. 아름다운 신랑신부와 함께 사진을 찍으면서 그들의 행복을 진심으로 빌었단다. 여행자로서 운구와 결혼 행렬을 같은 장소에서 만나게 된 점은 행운이야. 여행은 계획했다가 뜻대로 안 되면 실망이 크지만 우연

식을 마치고 사원으로 가는 신랑과 신부 일행

히 기대하지 않은 만족을 얻을 때 더 즐거워.

점심을 먹고 오후 2시가 넘어 갠지스강 쪽으로 걸었어. 오토릭샤와 마차, 오토바이가 뒤엉켜 달리는 도로에는 뿌옇게 흙먼지가 일어났지. 아무렇게나 버린 쓰레기에서 풍기는 악취, 눈과 코와 귀를 따갑게 만드는 혹독한 매연, 온갖 종류의 물건을 파는 상인과 물건을 고르는 사람, 어린 아기를 안고 빈 젖병을 흔들며 구걸하는 여인과 맨발의 어린아이, 손발이 없거나 기형적인 장애를 가진 걸인, 수많은 순례객과 여행객 인파까지 뒤섞여서 거리는 정신을 차릴 수 없을 정도로 복잡했어.

놀라운 것은 도로 한가운데에 눕거나 선 채로 지나가는 사람을 꼬리로 툭툭 치거나 힘겹게 한 걸음 한 걸음 옮기고 있는 소들의 모습이야. 늙고 병이 들었는지 몇 걸음 걷다가 지쳐 주저앉기도 했지. 풀을 뜯어 먹어야 할 소가 쓰레기 더미를 뒤지는 모습이 안타까웠어. 되새김질을 하는 소는 비닐을 삼키면 질식할 위험이 있거든. 커다란 혹을 달고 매연 속에서 고가도로 위까지 걷고 있는 소를 보면서 무슨 업이 있어 하필 인도에서 길거리의 소로 태어났을까 싶기도 했지. 소는 걸어 다니면서도 배설을 하니 길거리에는 소똥이 수북수북 어디에나 쌓여 있어. 소똥을 밟지 않기 위해 바닥을 잘 보고 다녀야 해.

거리의 소들

• 길거리에 돌아다니는 소의 주인은 누굴까?

힌두교는 소를 어머니로 숭배해. 진짜 나를 낳고 길러 준 존재가 아니라, 대지를 어머니라 부르듯 많은 것을 얻을 수 있다는 의미지. 힌두교에서 으뜸으로 모시는 시바신은 황소 '난디'를 타고 다녔어. 악한 왕을 죽이고 많은 악귀를 퇴치했다는 영웅신인 크리슈나신도 소를 보호하고 항상 함께했어. 힌두교도는 인도 인구의 약 80퍼센트를 차지해. 소는 신화와 종교적인 이유로 숭배되지만, 농사에도 꼭 필요한 존재야. 또 인도요리에서 소젖으로 만든 버터, 요구르트 등 유제품은 없어서는 안 될 귀중한 재료이기도 해. 거기다가 말린 소똥은 연료로 사용하지. 인도에서 소를 잡아먹는 것은 암묵적인 금기야. 그런데 인도가 현재 세계 최대의 쇠고기 수출국이자 세계에서 가장 많은 우유를 생산하고 있다는 점에서 아이러니야.

그렇다면 거리를 한가롭게 오가는 소의 주인은 누굴까? 주인이 있는 소도 있고 시바신에게 바친다는 의미로 거리로 내몰아 방목하는 경우도 있어. 소 주인이 개인이기도 하고 사원이기도 해. 소 주인의 입장에선 길거리에서 키우는 소들은 쓰레기를 뒤져 먹을 것을 찾기 때문에 따로 먹이를 챙겨 줄 필요가 없어. 게다가 어두워지면 자기 집을 찾아가는 소도 있어. 밤이 되어도 길거리를 돌아다니는 소는 주인이 없는 소야. 주인이 없다기보다 주인이 방치한 소라고 하는 게 맞겠다. 버려진 소는 대부분 늙은 황소야. 길거리에서 죽은 소는 시청 직원이 트럭에 실어 외곽에 갖다 버린다고 해. 소를 함부로 죽이거나, 소고기를 먹는 것을 법으로 금지한 주도 많아. 하지만 실제 생활에선 돌아다니는 소 때문에 불편해. 인도에서 소로 살아간다는 것은 너무 끔찍해. 그런데도 소를 신처럼 모신다니 너무 앞뒤가 안 맞아.

해가 지면서 어둑어둑해지면, 가트에는 수많은 인파가 몰려. 가트는 강변에서 갠지스강까지 이르는 계단을 말해. 약 4킬로미터 정도 되는 이곳 가트에서는 목욕과 빨래는 물론이고 스포츠, 산책, 연인들의 데이트 등 다양한 야외활동이 이루어진단다.

다른 쪽에는 죽은 사람의 시신을 화장해 갠지스강에 뿌리는 화장터도 있어. 매년 수백만 명이 넘는 순례자가 이곳을 찾는대. 성스러운 갠지스강에서 목욕을 하면 전생과 현생에 쌓은 모든 죄가 씻겨 나가고, 갠지스강에서 숨을 거두고 화장하면 윤회에서 벗어나 더 이상 다른 세상에 태어나지 않는다고 믿기 때문이지. 그 믿음으로 먼 시골에서부터 이곳을 찾아와. 머리에 짐을 이고 걸어서 오는 남루한 차림새의 순례객 무리도 쉽게 볼 수 있어. 심지어 돈이 없어 버스도 타지 못하고 맨발로 울퉁불퉁한 흙길과 도로 위를 걸어 갠 지스강까지 가는 사람도 흔히 볼 수 있어.

종교의 힘이 무엇이기에 저리도 간절하게 만드는 걸까 반문하면 서 가슴이 먹먹해졌어. 현실의 삶이 너무 비참하고 힘들어서 그런 것은 아닐까? 곤경에 처한 사람은 두 가지 중에 하나를 선택한다고 해. 절망을 하든가, 아니면 꿈을 꾸든가. 가난한 순례객은 다음 생에는 다시는 현재 생처럼 빈곤의 늪에서 살지 않겠다는 바람을 품고 먼 거리를 한 발 두 발 걸어왔을 거야.

힌두 여신에게 바치는 아르띠 뿌자

저녁 6시, 어둠이 번지자 가트에서는 갠지스강의 여신에게 바치는 제사의식이자 기도인 아르띠 뿌자가 1시간 정도 진행되었어. 수많은 사람으로 가트는 가득했어. 배를 타고 갠지스강으로 들어가 정면에서 아르띠 뿌자 의식을 보는 사람도 많아. 크고 작은 배 수십 척이 강을 가득 메우고 서로 연결된 배는 거대한 객석이 되었지.

계단 한가운데에는 브라만을 상징하는 우산 모양의 제단이 있고 물과 천, 향료, 꽃, 음식과 과일이 놓여 있어. 모여든 사람들은 경건하게 아르띠 뿌자를 지켜보았지. 아르띠는 불꽃을 담은 그릇을 뜻해. 불은 모든 것을 정화한다고 믿기 때문에 정화와 해탈을 기원하는 염원을 담아 원뿔형의 램프에 불을 붙이고 그것을 돌리면서 하늘 높이 들어올려. 모두 일곱 명의 최상위계층 브라만 사제가 의식을 진행한대. 의식 내내 울리는 종소리와 불의 움직임은 끊임없이 반복되었어. 그 반복은 지루하기보다 오묘했지. 신도들은 두 손을 합장하거나 무릎 위에 올렸어. 하루를 무사히 보냈음을 신에게 감사하며 내일에 대한 희망과 소원을 비는 의식이지. 하얀 예복을 입고 금색의 어깨띠를 두른 남자들이 노래를 부르고 춤을 추면 제단

갠지스강의 아르띠 뿌자

위에 돈을 놓는 사람도 있어. 엄숙하기보다 뭔가 축제 같은 의식이었단다.

아기를 안고 나온 젊은 부부도 여럿 만났어. 특히 쌍꺼풀진 눈에 살짝 말려 올라가는 검은 속눈썹을 가진 아기들은 어찌나 예쁜지 인형 같았지. 안아 보고 싶었지만 그들이 어떻게 반응할지 몰라 안아 보는 대신 함께 사진을 찍고 보여 주었더니 아주 좋아했어. 특히 외국인에 대한 호기심이 가득한 아이들에게 자신의 모습이 담긴 동영상을 보여 주었더니 신기해서 어쩔 줄 모르는 거야. 그 순박한 웃음에 내 마음도 맑아졌어.

갠지스강의 화장터

강가 아르띠 뿌자 의식으로 화려한 야경이 펼쳐지는 모습을 뒤로 하고 갠지스강의 왼쪽 가트를 따라 쭉 걸었어. 가다 보니 화장터가 가까워졌음을 알리는 나무 장작더미가 쌓여 있고 규모가 큰 화장터가 나타났어. 힌두교는 사람이 죽으면 24시간 안에 가까운 화장터를 찾아 시신을 화장한다고 해. 갠지스강의 화장터는 24시간 쉬지 않고 불길이 타올라. 하루에 200여 구의 시신을 처리한대. 아마도 무더운 날씨 탓에 그런 문화가 생겼을 거야.

장작 위, 타는 시신에서 치솟는 시뻘건 불길과 검은 연기가 충격이었어. 유족 중에 여자는 화장터에 오지 않는다고 해. 통곡을 하거나 슬픔을 드러내는 사람은 없어. 어둠이 짙어지는 갠지스강에서 화장을 하는 모습을 보게 되었어. 횃불을 들고 "람 사떼해!(신은 진실하다)"를 외치는 운구 행렬이 갠지스강가로 들어오더구나. 망자의 시신을 갠지스강물에 담갔어. 살아생전의 나쁜 업을 다 씻어 준다는 의미겠지. 장작을 쌓고 위에 송진액과 톱밥을 뿌렸어. 머리를 박박 밀은 하얀 옷의 상주가 불씨를 받아와 시신 주위를 돌더구나. 상주는 갠지스강물에 적신 시신의 머리를 강 쪽으로 향하게 한 후 시신에 불을 지필 횃불을 장작 깊숙이 들이밀었어. 각종 꽃과 금색 수를 놓은 주황색 화려한 천을 덮은 시신에 기름을 뿌리고 송진액을 더 부었어. 불을 먹은 장작은 길고 뜨거운 불길을 내뿜었지. 살과 뼈가 타면서 툭툭 터지는 소리도 들렸어. 갠지스강을 천막처럼 뒤덮은 하늘도 붉게 탔단다.

그 와중에도 새로운 시신을 어깨에 메고 화장터를 찾는 발걸음이 분주했고, 소들은 뜨거운 불길 옆을 왔다 갔다 했어. 어디선가 피 냄새를 맡고 온 개들은 화장이 끝난 빈 구덩이를 찾아 어슬렁거려. 가난한 상주들은 장작 값이 부족해 덜 태운 시신을 강에 버릴 수밖에 없고, 시신에 붙은 살점은 배고픈 개들의 몫이야. 매캐한 연기로 희뿌연 하늘엔 까마귀가 날아와 빙빙 돌았어. 누군가의 죽음을 구경하듯이 지켜보고 있는 내 모습도 썩 내키지는 않았지만 내

눈길은 이미 그곳에 꽂혀 있었지. 죽음은 누구에게나 피할 수 없는 과정이야. 두려움 때문에 죽음을 외면하고 회피하고 싶은 게 인간의 마음이지. 우리 속담에 '개똥밭에 굴러도 이승이 낫다'는 말이 있는데 아무리 천하고 힘들게 살더라도 죽는 것보다는 사는 게 낫다는 의미겠지. 생자필멸生者必滅 제행무상諸行無常. 인도인들에게 죽음은 더 나은 삶으로의 환생 혹은 영원한 휴식을 의미해. 그렇기에 죽음 앞에서 소리 내어 울지 않는대. 슬퍼할 이유가 없기 때문인 거지. 하지만 정말 그럴까?

마음껏 슬퍼하지 않고 입을 굳게 다물고 타오르는 불빛을 바라보는 유족의 모습은 오히려 침통해 보였어. 누군가의 죽음이지만 얼마나 많은 것을 잃게 했을까. 망자의 영혼은 이승에서 윤회의 사슬을 끊고 타는 불길 속에 하늘로 올라갔을까? 호기심에 구경삼아 간 화장터에서 이 세상을 떠난 사랑하는 부모님과 지인의 얼굴을 떠올리며 그들에게 정성을 다하지 못했다는 자책감이 들었단다.

갠지스강을 뒤로하고 고돌리아 사거리 전통시장의 미로 같은 골목길을 걸었어. 옷, 신발, 장신구, 향신료, 장난감, 음반, 토산품, 음료인 짜이나 라씨를 파는 가게들이 즐비하더구나. 개미굴처럼 사방으로 뻗은 미로 같은 골목에서 길을 잃을까 봐 겁이 났어. 그래도 현지인의 생생한 삶을 느낄 수 있었단다.

• 갠지스강 입구에서 파는 물병은 어떤 용도일까?

갠지스강 주변 상가에는 물병을 파는 가게가 많아. 바라나시에 순례를 온 사람들은 강의 물을 병에 담아 간대. 왜냐고? 고향에 돌아가서 자기네 집이나 동네 우물이나 냇가에 갠지스강의 물을 뿌리면 그 물은 갠지스강의 물처럼 성스러워진다는 종교적 믿음 때문이지.

갠지스강의 일출

새벽 5시에 일어나 갠지스강의 일출을 보러 갔어. 새벽안개가 끼어 뿌옇게 흐렸어. 이슬이 품고 있는 습기 때문에 눅눅하고 한기가 느껴졌단다. 이른 새벽에도 갠지스강을 향한 순례객의 발길은 끝없이 이어졌어. 지난 밤 어슬렁거리고 거리를 배회하던 소들도 상가 점포의 처마 밑에서 자고 있었지. 얇고 해진 담요 한 장을 덮고 차가운 바닥에 노숙하는 걸인도 보였어.

갠지스강 입구에서 제일 오래되었다는 짜이 가게에 들렀어. 짜이는 홍차에 우유와 설탕을 넣어 끓인 거야. 새벽의 눅눅한 한기를 녹여 주는 따뜻하고 달콤한 짜이 때문에 인도인의 삶과 내가 더 가까워진 느낌이었어. 짜이는 토기그릇에 따라 주는데, 그릇을 일단 한 번 사용하면 던져서 깨버린다고 하더라고. 아까워서 기념 삼아 가방에 담았어. 그런데 짜이 그릇에도 인도 카스트의 오랜 관습이 숨어 있더구나. 컵을 공동으로 사용하면 다른 카스트 사람의 입이 닿았을 수 있고, 만지는 것조차 부정 탄다고 믿기 때문에 차라리 깨버리는 것이 낫다고 생각하는 거래. 누가 입을 댄지 모르는 그릇을 사용하는 것도 꺼림직하다는 거지. 또 침으로 병균이 옮는다는 생각에 그릇을 깬다고도 해. 카스트가 인도 사람들의 의식주를 얼마나 많이 지배해 왔는지 알 수 있는 부분이야.

• 카스트가 뭘까?

카스트는 기원전 1500년경 아리아인이 인도에 들어와 먼저 살던 드라비다인을 지배하면서 시작되었어. 고대 인도 문헌에는 카스트를 색깔을 의미하는 '바르나'로 기록했어는데, 흰 피부의 아리아인이 검은 피부의 원주민과 구별하려고 쓴 말이래. 검은 피부라고 악마나 야만인을 뜻하는 '다사'로 불렀고 나중에 노예라는 뜻을 갖게 되었대. 결국 카스트엔 인종 차별과 정복자와 정복당한 사람이라는 의미가 있다고 보면 되겠지. 상층부터 브라만(성직자·학자), 크샤트리아(왕·군인·행정관), 바이샤(상인·농부), 수드라(하층민)로 나눠. 신분이 다른 카스트끼리는 혼인을 금하고, 조상 대대로 이어 온 직업을 물려받아야 해. 다른 카스트와는 식사도 하지 않았다는구나. 하위 카스트 사람이 주는 물이나 음식물을 받는 것도 금지했지. 인도인에게 카스트는 벗어날 수 없는 운명 같은 거야. 불평등이 마치 자연현상처럼 익숙하게 되었지.

• '불가촉천민', 개천에서 용이 날 수 있을까?

카스트에 속하지 못하는 최하층민을 '불가촉천민'이라고 불러. 불가촉천민은 접촉만 해도 더러워지고 오염된다고 생각해 차별받아 왔어. 인도 사람들 의식주 전반에 깔려 있는 '정正'과 '부정不正'의 개념 때문이지. 살아 있는 생명체에서 떨어져 나오는 것이 주변을 오염시킨다는 사고인데 몸에서 나오는 머리카락이나 손톱, 땀과 침, 오줌과 똥, 피와 정액 같은 것을 피해야 한다는 거야. 가장 강력한 오염원은 시체라고 생각해서 죽은 사람을 만지는 일을 하는 사람을 제일 부정하게 생각해. 불가촉천민은 힌두 사원에 갈 수 없었고 공동우물의 물도 마실 수 없었지. 자신의 존재가 나타나면 다른 사람이 보고 오염될까 봐 종을 흔들면서 다녀야 할 때도 있었어.

인도의 새 헌법에는 불가촉천민의 존재를 불법으로 규정하고 공공부문에서 취업이나 교육에 우선 혜택을 주는 지정카스트제도를 마련해 놓았단다. 불가촉천민 출신으로 유명한 사람은 인도 최초의 헌법을 만든 암베드카르, 인도 역사상 최초의 불가촉천민 출신 대통령 코체릴 라만 나라야난이야. 현재 인도의 수상인 나렌드라 모디는 차(茶, tea)행상을 하는 하위 신분인 '간치(상인)' 출신이야. 기차와 거리를 떠돌며 짜이를 파는 가난한 환경에서 자랐지만 구자라트 주 총리를 거쳐 13억 인구의 인도를 이끄는 지도자가 되었지. 모디와 같은 하층 계급의 성공은 인도에도 서구식 평등주의가 들어왔다는 의미이기도 해. 그러나 실생활에서

인도의 대표 음식인 짜이

부당한 차별은 여전히 남아 있단다.

• 왜 짜이에 우유를 넣을까?

짜이는 찻잎에 우유, 물, 생강이나 다른 향신료를 넣고 끓인 차 음료를 말해. 차는 원래 영국 동인도회사가 인도 동북부 아쌈 지방에서 재배하면서 유럽에 팔았고 영국인 역시 인도 차를 마셨지. 차에 우유를 넣어 마시는 영국문화가 인도에도 들어왔어. 우리나라 사람들이 한방차를 마시듯 몸에 좋은 향신료를 넣은 거지. 그런데 인도인은 물이 오염되기 쉽다고 생각해. 오염이란 지저분한 상태라기보다 사회문화적 의미로 봐야해. 살아 있는 동물의 몸에서 나온 땀이나 침 같은 것이 오염을 발생시킨다는 거지. 그런데 우유로 만든 음식은 끓이면 단백질이 응고되면서 막을 형성하니까 오염을 차단한다고 생각한대. 그 대표적인 음식이 짜이야.

보트를 타고 갠지스강으로 나갔어. 구름이 껴서 붉은 햇덩이가 강 위로 솟아 올라오는 모습을 뚜렷하게 구분할 순 없었지만, 곧 구름 사이를 뚫고 나온 붉은 해를 마주할 수 있었지. 인도 신화에서 갠지스강은 파괴와 죽음과 자비를 베푸는 시바신의 머리카락을 타고 땅으로 흘러내렸다고 전해져. 가장 신성하며 인간 세상의 온갖 죄업을 씻는 특별한 힘이 있다고 믿기에 인도인은 죽기 전에 이 강물에 몸을 씻어야 윤회의 강을 건널 수 있다고 생각해.

이른 새벽이라 기온이 낮아 한기가 느껴지는데도 순례자들은 업을 씻기 위한 성스런 의식을 위해 옷을 벗고 강물에 몸을 담갔어. 여인과 어린아이는 남자들과 분리된 곳에서 몸을 담갔다 나와 젖은 머리와 몸을 말렸단다. 커다란 빨랫돌에 힘 있게 빨랫감을 메치는 남자에게서 삶이 느껴지더구나. 빨래 역시 몸에 붙은 때를 벗기

갠지즈강의 화장터

기 위한 세속적인 활동이잖아. 갠지스강에서 태어나고 살다가 갠지스강으로 돌아갈 사람들의 모습이지.

뱃사공이 갠지스강의 메인 가트인 다샤스와메드 가트 가까이로 배를 붙이고 노 젓기를 멈췄어. 타오르는 불더미에 자연스럽게 시선이 고정되었지. 갠지스강에서 가장 큰 화장터. 여러 사람의 시신이 불길에 쌓이고, 아래에서는 다른 시신의 화장을 준비하더구나. 그 사이로 두 마리의 검은 소가 이리 저리 뛰어다녔어.

전에 읽었던 《인도의 딸》이라는 소설이 생각나더구나. 열세 살인 주인공 콜리는 신부지참금을 노린 신랑 부모의 계략에 빠져 불행한 결혼을 하지만 자유롭고 당당한 삶을 찾아 간다는 이야기야. 콜리의 친정은 브라만계급이지만 넉넉치 않은 살림이라 겨우 지참금을 마련했어. 시부모는 꺼져 가는 촛불처럼 병색이 짙은 아들을 갠지스강으로 데려갈 돈이 필요해서 결혼시켰지. 콜리의 남편인 하리는 갠지스강에 간 다음 날 죽게 돼. 인도에서는 남편이 죽으면 재수 없는 여자로 취급해. 친정 가문에 먹칠한다는 인식 때문에 콜리는 친정에 돌아갈 수 없었어. 시댁에서도 온갖 구박을 받다가 쫓겨나. 삶의 밑바닥까지 내동댕이쳐진 콜리는 길거리를 전전했어. 하지만 인력거꾼 라지를 알게 되고 자립을 돕는 여성의 쉼터에 기거하면서 일터를 얻고 미래를 설계하게 되지. 콜리의 남편 하리처럼 실제 죽음을 앞둔 환자들은 갠지스강에서 화장하기 위해 가트 근처에 숙소를 구해 놓고 죽음을 기다리는 경우가 많다고 해.

갠지스강은 생각보다 맑아. 의외지. 강의 수심이 깊고 유속이 빨라서인 듯해. 또 강을 정화하려고 인도 정부가 수조 원을 투자한대. 인도 국민에게 강에 대한 교육을 위해 일만 명의 강사를 선발했다고 하더군. 갠지스강이 어디 인도만의 강이겠니? 우리 인류가 지켜야 할 자연유산이잖아.

갠지스강의 일출을 보고 석가모니의 첫 설법지인 사르나트로 이동했어. 밴처럼 생긴 택시를 탔는데 무거운 짐은 지붕 위에 싣고 떨어지지 않도록 밧줄로 단단히 묶었지. 가는 동안 도로는 몹시 혼잡했어. 고가도로 밑에서 노숙하는 걸인들이 모여 음식을 만들어 먹거나 얇은 담요를 덮고 자더구나. 벽 한 곳은 이미 허물어졌고 벽돌이 깨진 다른 곳도 가벼운 충돌만으로도 곧 허물어질 것 같았어. 처마에 빨래가 널렸어. 움막처럼 허술해 보이는 집 역시 사람의 보금자리야. 지붕을 뚫고 하늘 위로 가지를 뻗어 올린 커다란 나무도 집의 일부였지. 나무를 뽑아 버리거나 베면 집이 무너질 수 있기 때문에 그대로 두어야 했을 거야.

• 왜 고대 인도인은 기록을 남기지 않았을까?

인간은 무언가 남기고 싶어 하는데 고대 인도인은 기록하지 않았어. 종교에 대한 지식을 아주 신성하게 여겼기 때문이지. 지식을 전할 때는 글이 아닌 스승의 가르침이 필요하다고 생각한 거야. 그러니 종교적 지식을 책으로 만들거나 인쇄할 수 없다고 판단했어. 《베다》와 《우파니샤드》같은 경전도 브라만의 입에서 입으로 천 년간 암송되어 전해지다가 나중에 문자로 기록되었어. 경전을 '슈루티'라고 불렀는데 뜻은 '귀로 들었다'야. 지식은 눈으로 보는 것이 아닌, 듣는 것이었어. '아는 것이 힘'이기에 고급 지식은 일부 특권층인 브라만계급만 독점하려고 했을 거야. 기록으로 남겨서 누구나 그것을 공유한다면 특별함이 없어진다고 생각한 걸까? 심지어 왕과 왕조의 흥망에 대해서도 남기지 않았으니 말이야. 한편 생각하면 지진이나 홍수 등 수많은 자연재해를 겪었을 텐데 기록물은 자연재해나 불에 취약하잖아. 그래서 기록보다 암기하는 게 낫다고 판단했을지도 몰라. 아무튼 인도가 역사를 제대로 기록하게 된 것은 19세기에 들어와서란다.

불교의 성지
사르나트Sarnath

　인도의 대표 종교는 힌두교와 이슬람교인데, 인도는 세계 3대 종교 중 하나인 불교의 탄생지이기도 해. 바라나시의 북쪽에 있는 사르나트는 불교 성지 중에 하나야. 녹야원鹿野園이 유명하지. 옛날 녹야원에는 천여 마리나 되는 사슴이 살았다고 해. 바라나시의 왕은 이곳의 사슴 고기를 즐겼는데, 황금빛 사슴왕 '니그로다'가 희생을 자처한 이후로 왕은 육식을 끊고 세상의 모든 생명에게 평화를 내렸다고 해. 이런 녹야원이 있는 사르나트에서 부처가 최초로 가르침을 펼쳤다고 해서 불교에서는 성지로 치지. 불교의 4대 성지라고 하면, '사르나트'와 함께 부처가 태어난 '룸비니', 깨달음을 얻은 '부다가야', 열반한 곳인 '쿠시나가라'를 말해.

　부처는 인간을 괴롭히는 것은 밖에 있지 않고 자기 마음속에 있다는 가르침을 펼쳤단다. 인간이 번뇌와 집착을 없애면 고통이 없어지고 진정한 도에 이르게 된다고 했어. 도에 이르는 여덟 가지 수행 방법이 팔정도八正道야. 바르게 보고 생각하고 말하고 행동하며, 바르게 생활하고 정진하며, 바른 마음가짐을 가지고 명상하라는 가르침이지.

사르나트의 상징은 부처가 처음 설법했던 자리에 세웠다는 다메크탑이야. 굽타시대의 유물로 알려진 다메크탑은 상층부가 허물어졌지만 지금 남아 있는 탑의 높이만도 43미터야. 탑의 외벽에는 꽃무늬가 새겨져 있어. 정성스럽게 탑돌이를 열 번 하면 소원이 이루어진다네. 부처의 가르침을 따르는 사람들은 다메크탑을 돌며 간절히 기도한단다. 한국에서 성지순례 온 스님 일행도 만났어. 환한 미소로 인사를 나누고 안전한 여행길이 되기를 기원하는 덕담을 나누고 헤어졌지.

부처가 살던 시대에는 경내에 논쟁, 독서, 묵상, 설법 등 다양한 방법으로 학습에 정진하는 사람들이 많았을 거야. 유적지 안의 구석진 곳에는 사슴이 뛰노는 숲이 있어. 녹야원이야. 부처가 살던 때도 사슴이 많았대. 그래서 사슴들이 노니는 들녘 동산이란 뜻의 녹야원이라고 이름 붙였나 봐. 허물어져 기단부만 남은 둥근 모양의 탑인 스투파와 보리수나무 사이를 걸었어. 오랜만에 느끼는 한적함에 흡족할만치 평화롭고 편안했어. 데이트를 즐기는 연인도 만나고 어머니와 함께 온 효성 깊은 청년도 만났단다.

태국에서 온 순례자들은 종이처럼 얇은 금을 붙이면서 기도하더구나. 그러고 보니 어떤 유적에는 금가루가 꽤 묻었어. 여러 나라에서 온 불교 신자에게 이곳 사르나트는 특별한 의미를 갖는 곳일 거야. 부처가 우리에게 가르쳐 준 진리는 인연법이야. 인연의 결과는 선인선과善因善果 악인악과惡因惡果라는 거지. 착한 일을 하면 선한 결과가 생기고, 악한 일을 하면 악한 결과를 얻는다는 뜻이야. 부처의 가르침대로 산다면 이 땅은 평화롭겠지만 현실은 그렇지 못하니 씁쓸하구나.

사르나트 고고학 박물관

녹야원 옆 사르나트 고고학 박물관은 사르나트 유적지에서 지난 200년 동안 발굴한 유물을 전시하는 곳이야. 전시관은 ㄷ자형인데, 건물의 가운데에 출입구가 있어. 건물로 들어서면 마당이 있고 좌우로 전시공간이 펼쳐져. 좌측으로 가면 불교 문화유산을, 우측으로 가면 힌두교 문화유산을 볼 수 있어. 그러니까 사르나트 고고학 박물관은 불교와 힌두교 전문 박물관으로 볼 수 있지. 박물관 안에서는 절대 촬영 금지야.

이 박물관에 있는 '사르나트 사자상'은 사르나트 박물관의 상징일 뿐 아니라, 인도 국가 상징으로 국기에도 들어가 있고 100루피

부처를 따르는 순례자들이 돌던 다메크탑

지폐 왼쪽 아래에도 그려져 있어. 네 마리의 사자상은 원래 사르나트 유적지 아소카 석주의 꼭대기에 장식되어 있던 것이래. 네 마리의 사자상 아래 원통에는 네 마리 동물이 새겨져 있고, 동물 사이에 네 개의 법륜이 있어. 사자상 아래에 그려진 바퀴 모양을 법륜이라부르는데 불교에서 부처님의 가르침을 바퀴 모양에 비교해 부르는 말이야. 석가모니 부처가 깨달음을 얻은 후 최초로 가르침을 편 곳을 '초전법륜'이라고 부르는 것과도 관련이 있지.

여기서 네 마리 사자, 네 마리 동물, 네 바퀴는 네 가지 성스런 진리 즉 4성제를 의미해. 특히 네 마리 동물은 코끼리, 말, 황소, 사자

를 말하는데, 넷 다 불교와 힌두교에서 신성시하는 동물로 각각에
는 의미가 있어. 코끼리는 마야 부인이 임신했을 때 타고 나타난 동
물이고, 말은 부처가 출가할 때 타고 나온 동물이고, 황소는 부처
의 띠가 힌두교 달력으로 치면 소띠고, 사자는 부처와 아소카왕의
상징이라고 해. 네 마리 동물은 모두 법륜을 굴리는 모습으로 조각
되었어. 이들 조각 아래에는 아래쪽을 향한 연꽃 받침이 있어. 기단
부를 포함한 사자상의 전체 높이는 2.15미터야. 실제로 보면 조각
이 무척 아름답단다.

다음 전시실로 들어가면 전시관 가장 끝 한가운데서 5세기 굽타
시대의 대표적인 석불좌상을 볼 수 있어. 특히 얼굴의 조각이 뚜렷
해. 동그란 얼굴, 반달 모양으로 치켜세운 눈썹, 살짝 실눈을 뜬 도톰
한 눈꺼풀, 알맞게 높은 코, 살포시 다문 입술에서 깨달음에 도달한
부처의 평정을 느낄 수 있지. 부처의 일생을 묘사한 조각도 있는데,
여덟 부분으로 나눠 탄생·깨달음·설법·열반을 표현하고 있어.

힌두교 전시관에서는 10~11세기경 힌두교 여신상인 타라가 눈에
들어왔어. 타라는 시바의 부인인 파르바티의 화신으로 별 또는 지혜
의 여신으로 여겨. 제4전시실에는 수리야와 사라스와티 같은 힌두
신상 외에 티르탕카라 같은 자이나교 신상도 여럿 보이지만 조각품
이 어떤 상징을 담고 있는지 내용을 제대로 이해하기는 어려워.

• 현재 인도에서 불교의 자취를 찾을 수 없는 이유는 뭘까?

지금부터 2600년 전 부처는 생로병사의 고통에서 벗어나려면 욕망을 버리고 바른 길을 가야 한다는 깨달음을 얻었어. 인간은 누구나 평등하다며 카스트를 부정했지. 불교는 상인들의 무역로를 통해 북부에서 남부로 퍼져 나갔어. 근본적으로 모든 사람은 평등하다고 말하는 불교는 사람들의 마음속을 파고들었지. 그런데 인도 역사상 큰 사건이 일어나. 서쪽에서 알렉산더대왕이 쳐들어온 거야. 그러자 인도 북쪽의 16개 나라가 연합해 맞섰지. 이 당시 연합군을 이끌었던 찬드라굽타 1세는 인도 통일전쟁을 주도하고 마우리아 왕조를 세워. 3대에 걸친 기나긴 전쟁 끝에 아소카왕 때 비로소 통일을 했어. 아소카왕은 통일된 제국을 하나로 모을 가치관이 필요했기에 불교를 국교로 선택하지. 경건함과 금욕, 살생을 금하고 자기성찰을 통해 해탈의 경지에 도달하려 했어. 종족이나 계급, 문화의 우위를 주장하지 않는 개방적인 불교였기에 널리 퍼졌어. 그 뒤 이슬람의 침입 등 혼란기를 거치고 800년이 지나 굽타왕조가 다시 세워졌는데 굽타왕조는 불교를 버리고 힌두교를 채택해. 이렇게 인도에서 불교는 쇠락해 갔어. 힌두교는 불교와 달리 현세의 쾌락과 즐거움을 한껏 즐기는 모습으로 나타나. 불교는 평등을 주장하는 종교인데 힌두교가 번성한다는 것은 카스트라는 계급 사회가 더 단단해진다는 의미이기도 해.

그런데 인도에 다시 어마어마한 사건이 생기지. 바로 1100년대 말 이슬람 세력이 인도를 정복한 거야. 유일신인 알라를 믿는 이슬람은 불교와 비슷하게 금욕을 중요하게 여기고 일상생활에서 경건함과 청빈함을 추구해. 여자들에게는 경건함을 실천하는 방식으로 얼굴과 온몸을 검은색 차도르로 감싸게 했지. 그런 이슬람이 인도를 침략해서 보니 가장 죄악시하는 우상숭배의 형상인 부처의 조각상과 힌두교 사원의 에로틱한 미투나상이 있는 거야. 분노한 이슬람 세력은 결국 불교대학이었던 날란다서원에 불을 지르고 불교 유적을 파괴했지. 날란다서원은 6개월간 불에 탔다고 해. 그 불로 힌두사원의 미투나상이 파괴되고 부숴졌지.

이슬람의 인도 침투가 계속되면서 1400년경에는 인도 데칸고원 남부를 제외한 전 지역이 이슬람의 지배하에 들어가았어. 이슬람 역시 알라신을 믿으면 누구나 형제고 평등하다고 했어. 힌두교인으로 살아간다는 것은 불평등한 카스트제도의 구성원이 되어야 한다는 의미야. 이슬람의 침공을 받았을 때 남아있던 불교도는 카스트에 속하지 않기 위해 이슬람으로 개종했을 거야. 현실적인 삶이 중요했던 사람들은 살기 위한 선택을 했겠지. 그래서 불교는 인도에서 자취를 찾기 어려워. 대표적인 불교 유적인 아잔타석굴도 천 년 동안 정글 숲에 버려졌다가 뒤늦게 고대 예술의 보물임을 알게 되었지. 식민지시대에 영국인 장교가 사냥을 하다가 석굴을 발견했는데, 그는 자신이 문화재를 훼손하는 중대한 실수를 하는 줄도 모르고 귀중한 벽화에 이렇게 적어 놓았지. '존 스미스, 1819년 4월 20일'.

• 헌법을 만든 암베드카르는 왜 불교로 개종했을까?

불가촉천민이었던 암베드카르는 영국 통치자 지원금으로 미국·영국·독일로 유학을 가서 경제학·법학 박사학위를 땄어. 인도로 돌아온 그는 1927년 비폭력저항운동 '샤타그라하'를 큰 규모로 조직했단다. 간디와 함께 독립운동을 했고 카스트제도 폐지를 주장했어. 공동 수돗물을 마시지 못하고, 요금을 두 배로 준다고 해도 이발사가 머리를 다듬어 주지도 않는 불가촉천민을 이끌고 평화시위를 했어. 4년간의 노력 끝에 겨우 저수지 물을 마실 수 있게 되었단다.

1947년 8월 15일 인도가 독립하자, 암베드카르는 법무부 장관이 되어 인도 헌법의 기초를 만들었어. 이때 카스트 차별을 금지하고, 대학에 입학할 때나 공무원을 뽑을 때 불가촉천민에게 일정 부분 할당하도록 헌법에 명시했지. 그러나 아무리 노력해도 인도 사회는 바뀌지 않았어. 뿌리 깊은 차별은 법으로도 바꿀 수 없는 불합리한 문화였기 때문이야. 그는 힌두교가 불가촉천민을 영원히 유지하려는 것에 절망했어.

그는 결심했고 행동으로 옮겼어. 힌두교를 버리고 모든 인간은 평등하다고 주장하는 불교를 믿기로 말이야. 1956년 10월 인도 중부의 내륙 도시 나그푸르에서 20만 명의 불가촉천민과 함께 의식을 치렀어. 300만 명의 불가촉천민이 그를 따라 불교로 개종했지. 그는 자유와 인간성 회복을 위한 방법을 불교에서 찾았던 거야.

점심은 기차역으로 이동하기 전에 조금은 덜 혼잡한 도로 옆 레스토랑에서 먹었단다. 따뜻한 밀가루 빵인 '난'과 다양한 향신료를 넣은 소스 '커리'를 곁들여 먹으니 인도 음식에 입맛이 점점 길들여지는 듯했어. 식사 후 나온 쌀알 같은 하얀 설탕과 초록색 민트가 인상적이었어. 아마도 입가심으로 껌 씹듯 씹으라고 내놓은 모양이야. 손끝으로 한 줌 쥐어 입안에 넣고 씹어 보니 향이 익숙하지 않아 끝까지 다 씹어 삼키기가 어려웠어.

오후에 JHV쇼핑몰을 찾았어. 우리나라의 백화점처럼 다양한 상점이 입주한 빌딩이야. 커피, 햄버거, 남성복, 여성복, 출산용품, 보석, 액세서리, 슈퍼마켓 같은 곳도 있어서 식품은 물론 문구류와 화장품, 가전제품까지 다 살 수 있는 곳이야. 재미있는 것은 부모를 따라온 아이들이 심심할까 봐 건물 복도를 따라 돌아가는 바퀴 달린 열차를 운행하는 거야. 1인당 50루피(약 850원)를 내고 타면 돼. 열차 의자 등받이에 귀여운 판다가 그려져 있더구나.

특이한 것은 상가 간판 밑에 달려 있는 주술을 담은 물체야. 하얀 실에 초록색 고추 세 개를 가로로 줄 맞추어 끼운 다음에, 그 위에 노란색 레몬을 끼우고 다시 그 위에 가로로 초록색 고추 세 개를 끼워서 모빌처럼 걸어 놓았더라고. 또 가시가 아주 많은 손바닥만 한 선인장도 실에 매달아 걸어 놓았어. 가벼운 바람에도 흔들리는 이 물체의 용도는 바로 가게에서 장사가 잘되어 돈을 많이 벌기를 바라는 주인의 간절한 염원이지. 여러 신을 믿는 인도의 모습과 미신을 믿던 우리나라 옛 사람들의 모습이 비슷해서 괜히 웃음도 나오고 자꾸 눈길이 갔단다.

이곳에서 인도인이 즐겨 입는 원피스 한 벌과 스카프 한 장을 샀어. 인도가 12월 초면 우리의 늦여름에 해당한다고 해서 여름옷을 많이 챙겨 갔더니 생각보다 덥지 않아 입을 옷이 마땅치 않았기 때문이야. 두 가지를 사는 데 우리 돈으로 15,000원 정도의 가격이었으니 비싸지 않고, 재래시장 제품보다 질도 좋다는 점에 만족했지.

바라나시 기차역에서 만난 사람들

인도에서 기차를 타려면 마음의 준비가 필요해. 제시간에 출발하는 적이 없고 연착은 다반사이거든. 오후 5시, 카주라호로 가기 위해 바라나시 기차역에 도착하니까 붉은 옷을 입은 짐꾼이 모여 들었어. 그들은 겨우 50루피(약 850원)를 받고 목이 부러질 듯 무거워 보이는 여행용 가방을 머리에 이고 계단을 오르내리고 있었어. 엘리베이터가 없다 보니 탑승 플랫폼으로 가려면 육교를 건너야 하는데, 짐을 들어다 주는 사람의 도움을 받을 수 있어서 편리했어. 사실 여행가방 한쪽 바퀴가 고장이 나서 끌고 다니느라 힘들었거든. 그렇지만 가방이 무거울 걸 생각하니 짐을 맡기면서도 마음이 편하지 않았어. 그나마 이런 힘든 일자리도 줄어들고 있다고 이들은 걱정했어. 인도의 기차역에도 엘리베이터와 에스컬레이터가 들어서고 있거나 공사 중인 곳이 늘고 있거든.

전광판에 오후 5시 30분에 출발하는 기차가 1시간 연착될 예정이라고 떴어. 기차가 연착한다는 소식을 듣고 기차역 공중화장실을 찾아 나섰지. 한참을 걷고 물어물어 찾아간 화장실은 대합실 옆에 있었어. 당황스러운 건 이미 밖에는 어둠이 내려 깜깜한데 화장실에 전기가 들어오지 않는 거야. 전기 스위치가 있어야 할 자리는 아예 텅 비어 있었어.

화장실 앞에는 사리를 입은 인도 여인들이 줄을 섰어. 문짝이 없는 화장실이 대부분인데, 있다고 해도 고장이 나서 반쯤 열리는 문이 절반이나 되었지. 아무도 줄을 서 있지 않은 깊숙한 곳으로 들어갔더니 문이 반쯤 열린 화장실에 좌변기가 있더구나. 그런데 배설물이 초콜릿 코팅처럼 범벅이 되어 묻어서 도대체 앉을 수가 없는 거야. 악취 때문에 더 불쾌했어. 코를 막고 나오니 밖에 서 있던 인도 여인이 외국인이라 배려해서인지 첫 번째 문 앞을 가리키며 먼저 들어가라고 손짓했어. 깜깜해서 아무것도 보이지 않아 휴대폰을 켜고 더듬어 들어갔더니 맙소사! 화장실이 아니라 샤워장 같은 공간이야. 구석에 배수구가 있고 수도꼭지가 벽에 붙었더군. 플라스틱 손잡이가 달린 바가지도 있었지. 쭈그리고 앉아 볼일을 보고 수도꼭지를 틀어 씻어내게 되었어. 아! 이렇게 볼일을 보는구나. 그래서 사방에 사람들이 노상방뇨를 해서 오줌냄새가 코를 찔렀구나! 이해가 되더군.

아직도 인도에는 5억 명이 화장실 없이 생활한다고 해. 전체 국민의 40퍼센트가 야외 배변을 하는 셈이지. 집에 화장실이 없는 이유는 요리하는 곳, 자는 곳, 종교적 의례를 하는 곳 등의 근처에 배변활동하는 화장실이 있어서는 안 된다는 그들의 문화와 종교적 신념 때문이야. 그래서일까, 도로 옆에서 수많은 차들이 지나다니는데도 치마를 걷고 앉아 용변을 보는 여인과 유적지 다리 난간에서도 버젓이 서서 용변을 보는 사람을 수없이 볼 수 있었지. 기차역 철로를 향해 앉아 아무렇지 않게 똥을 누게 하는 아이 엄마를 보고 아무도 뭐라 하지 않아. 우리 시선으로는 이해가 안 되는 풍경이지.

화장실에 다녀와 다시 기차를 기다리는데, 이번에는 2시간을 더 기다려야 한대. 역 주변을 둘러보니 플랫폼 보수공사를 하고 있는 사람들이 보였어. 기계장비로 옮겨야 할 깨진 콘크리트 덩어리를 세숫대야 같은 그릇에 담아 옮기는 사람은, 대부분 체구도 작고 바짝 마른 사람이거나 남루한 차림의 여자였어. 장갑도 끼지 않은 맨손으로 시멘트를 반죽하고 나르는 모습이 안타까웠지. 그 장면을 휴대폰으로 찍으니 주변에서 기차를 기다리던 인도 청년이 왜 사진을 찍느냐고 물었어. 순간 당황했지. 허락 없이 찍은 사진이니 당

바라나시 기차역에서 일하는 사람들

사자들은 불쾌할 수 있겠다고 생각했거든. 그래서 대답했어.

"노동은 신성한 것입니다. 한국이나 인도나 일하는 사람들의 땀방울은 귀한 것이고, 그 모습을 담아 함께 여행을 오지 못한 한국에 있는 친구들에게도 인도에 사는 평범한 사람들의 일상을 보여 주고 싶어요."

인도 청년은 고개를 끄덕였어. 우리는 서로 한국과 인도에 대해 물었지. 현재 인도 청년들이 선호하는 직업은 IT업체 직원과 공무원이고 여자들은 교사를 선호한대. 자신은 컴퓨터 웹디자인을 하고 있다는 것, 연애결혼을 했는데 4년간 좋아하는 마음을 품고 있다가 고백하면서 결혼할 수 있었다는 이야기도 했어. 청년이 한국 영화를 하나 추천해 달라고 해서 우리나라 현대사가 들어 있는 〈국제시장〉을 소개했어. 지금 글을 쓰고 있는 이 시점에서 소개하라고 하면 당연히 한국영화 최초로 아카데미 4개 부문에서 상을 휩쓴 〈기생충〉이지. 그냥 기차만 기다렸다면 지루했을 텐데 현지인과 이야기를 나누고 부모와 함께 온 아이들과 장난치면서 기다리니 시간이 어떻게 지나가는 줄 모르게 빠르게 지나갔어.

인도인의 삶을 체험하는 기차

저녁 8시 30분, 드디어 카주라호로 가는 기차가 들어왔어. 예정 시간보다 3시간이나 연착이야. 기차는 어찌나 길게 이어지는지 셀 수가 없었어. 족히 20량 이상은 될 듯 했지. 인도의 기차는 같은 기차라도 칸마다 등급이 나누어져 있고 가격도 달라. 기차가 역으로 들어오면 사람들은 기차가 멈추기 전부터 뛰기도 해. 좋은 자리에 앉기 위해서지. 지정된 좌석을 표시하지 않는 가장 낮은 등급의 경우 블라인드처럼 생긴 창문의 벌어진 틈으로 찬바람이 엄청나게 세게 들어와. 일교차가 심하기 때문에 특히 밤기차를 타면 여름에도 추위에 단단히 대비해야 해.

내가 탄 기차는 그래도 에어컨이 있는 3등급 기차였어. 창문은 유리로 완전히 막혀 있어 여닫지는 못하겠더라. 침대칸은 1층·2층·3층으로 있는데 한 구획 안에 여섯 개의 침대석이 있어. 복도 건너 창문 쪽으로 1층과 2층 침대만 있지. 칸막이도 없고 모든 공간은 트여 있어. 창 옆에 콘센트가 있어서 충전도 가능해. 1층 자리에 있으면 낮 시간에 누워서 잘 수가 없어. 2, 3층에 있는 사람이 내려와 앉아야 하니까. 2층에 있는 사람도 역시 낮 시간에는 침대를 접어야 해. 밤 9시 정도가 지나 졸리면 등

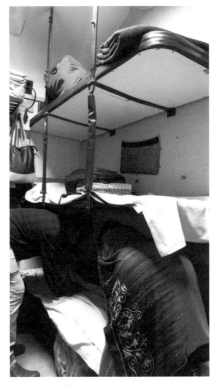

기차 안 3층 침대칸

받이를 올려 3층 침대칸에 붙어 있는 체인으로 고정시키면 2층 좌석에 앉은 사람이 잘 수 있는 침대석이 만들어져. 3층에 있는 사람은 내려오고 싶으면 내려와 앉아서 가도 되고 눕고 싶으면 다시 올라가 누워도 돼. 하지만 3층 역시 침대와 천장의 간격이 좁아 불편한 것은 마찬가지야. 발걸이 정도의 사다리를 밟고 올라가 누우면 바로 눈앞이 천장이거든.

나는 출입문 옆 2층 침대칸에서 잤어. 창가인데 중간에 침대칸

한 층이 없어서 오르내릴 때 편했지. 위에서 내려다보니 맞은편에 현지인 부부가 1층에 정성스럽게 시트와 담요를 깔고 있었어. 기차를 타면 직원이 세탁을 했을까 싶은 담요 한 장과 하얀 광목 시트와 베개를 줘. 하얀 시트는 담요 위에 깔아도 되고 덮으면 얇은 천 이불이 되지. 나는 담요의 위생 상태가 걱정스러워 사용하지 않고 출국할 때 입었던 겨울옷을 아예 입고 누웠단다. 잠을 자는 동안 귀중한 배낭을 도둑맞을까 걱정이 되어 베개처럼 받쳤어. 낯선 곳에서 누군가를 의심하며 잠을 청해야 하는 상황도 여행의 추억이라고 생각하면서 말이야.

중간에 정차한 역에서 체격 좋은 인도인 남자가 들어와 짐을 1층 침대 밑에 쑥 집어넣고 반대편 2층 침대칸에 올라가더구나. 그 남자는 기차 역무원이 준 담요와 얇은 시트로는 추위를 감당할 수 없었는지 들고 온 커다란 가방 속에서 두툼한 담요를 꺼내 덮었어. 누군가와 한참을 통화하느라 목소리를 높였는데 무슨 말인지 알아들을 수 없어서 소음처럼 느껴졌지. 내 침대칸은 화장실과 가까운 곳이라 드나드는 사람이 많아 도저히 맨 정신으로 잠들 수 없어 병원에서 처방받은 수면제 한 알을 먹고서야 잠들 수 있었단다.

인도에 카스트제도가 있듯 봉준호 감독의 영화 〈설국열차〉처럼 인도 기차도 칸마다 등급이 있어. 요금이 싼 칸은 창문을 열어도 후덥지근하고 탁한 공기 때문에 견디기 힘들어. 잘못 탄 기차 좌석 때문에 잠깐 그곳을 경험했거든. 그리고 밤이 되면 기차 안에 불을 꺼. 깜깜한 어둠 속에서 통로를 지나가다 보면 하얀 시트를 덮고 자는 사람들 발이 쑥 나와 있어 깜짝 놀라 발걸음을 멈추게 되지.

기차 여행은 낭만적이라고 생각하기 쉬운데 인도에서 기차 여행은 고생을 각오해야 해. 좁은 공간에서 답답함과 덜컹거리는 소음과 밤 추위까지 견디려면 인내심이 필요하거든. 기차 안에서 나는 사람이 아니라 운반용 화물 같다는 생각도 들었어. 그러나 야간열차를 타면 하루 숙박비와 시간을 절약할 수 있고, 기차 안에서 유산균 음료인 짜이와 도시락도 사 먹으며 인도의 삶을 체험한다는 면에서 의미가 있단다.

• 인도에서 영어는 왜 공용어가 되었을까?

기차역에서 인도 청년과 의사소통을 할 수 있었던 것은 영어 때문이야. 영어는 이제 소통의 언어이지. 인도에서 영어는 공용어야. 인도 화폐 뒷면을 보면 좌측에 15개 언어가 적혀 있어. 인도 인구 70퍼센트가 사용하는 힌디어를 공식 언어로 정하지 못한 것은 남인도 타밀나두를 중심으로 인구의 22퍼센트가 쓰는 드라비다어(타밀어+칸나디아어), 서쪽 지역의 마라티어와 구자라트어, 인도 동북쪽의 티벳 브라만어, 벵골어 등을 쓰는 다른 주의 반발 때문이야. 그래서 정부의 공식 문서 등에 쓰는 공용어를 영어로 정했대.

인도가 영국의 식민 지배를 받았기 때문에 영어가 공용어가 되었다고 생각하기 쉬운데 그렇지 않다고 봐. 언어는 제2의 영혼이라고 하잖아. 인도인은 200년간 식민 지배를 받았어도 고유의 언어와 문화를 잃지 않았어. 인도가 독립할 당시 영어를 읽고 해석하고 말할 수 있는 비율은 전체 인구의 2퍼센트 정도였대. 그들은 일부 상층 브라만 같은 카스트나 영국에 유학을 갔던 지식인이었지. 영어는 우리나라에서도 그렇지만 먹고 사는 데 중요한 언어가 되었어. 인도에서 부와 권력을 얻는 자리로 오르려면 능숙한 영어 실력을 지녀야 함을 알게 된 거야. 오늘날 인도의 영어는 힝글리시(힌디어+영어)라고 해. 인도화한 영어를 쓰는 거지. 인도에서는 사회생활을 하거나 사업을 하려면 보통 네 개의 언어는 쓸 수 있어야 한대. 영어, 힌디어, 자기가 사는 주의 언어, 사업상 필요한 다른 주의 언어까지 하려면 네 개는 기본이래.

북인도 ②

델리

자이푸르

파테푸르 시크리

아그라

잔시

오르차

카주라호

바라나시

북인도 최대의 사원 유적지
카주라호Khajuraho

예정대로라면 새벽 5시 15분에 카주라호역에 도착해야 하지만 기차는 또 5시간을 더 연착했어. 출발한 지 14시간만인 다음 날 오전 10시 30분에 카주라호역에 도착했지. 덕분에 달리는 기차 안에서 인도의 농촌 풍경을 마음껏 봤어. 예정대로 새벽에 도착했다면 아침 안개 속에 파묻힌 아름다운 농촌 풍경을 볼 수 없었겠지. 철로 옆에 사는 사람들의 아침 일상과 양과 염소가 풀을 뜯는 모습도 보았어. 나뭇가지를 대충 얹은 허술한 지붕에 붉은 황토 벽돌로 지은 집에도 눈길이 갔어. 마을 공터 중앙에 커다란 나무를 신으로 모셔 놓고 아침부터 기도하는 여인과 지나가는 기차를 보며 손을 흔드는 눈빛이 맑은 아이들도 있었지. 가도 가도 끝없이 펼쳐지는 들판에는 산이라곤 보이지 않았단다.

인도는 국토의 절반이 농지로 이용되고 있지만 강수량에 따라 수확량이 좌우돼. 영국은 인도를 식민 통치하던 200년 동안 목화와 밀, 차와 담배 등을 빠르고 쉽게 수송하기 위해 농촌 구석구석까지 철도를 놓았지. 현재 인도의 기차는 6,000킬로미터로, 세계에서 두 번째로 긴 철도 노선을 보유하고 있어. 그러고 보면 인도와 우리나라는 공통점이 있어. 온화한 국민성과 강대국의 식민 지배를 받으며 수탈당한 점과 독립 날짜가 같아. 우리나라가 1945년 8월 15일, 인도는 그보다 2년 뒤인 1947년 8월 15일에 독립했거든. 수탈의 과정에서 만들어 놓은 철도 같은 기반시설이 식민지 국가의 근대화를 앞당겼다는 논란에 대해서는 여전히 할 말이 많지만 그 유산을 아직 활용하고 있다는 점은 아이러니야.

기차 안에서 곁에 앉은 친마야와 이야기를 나누었는데 그를 통해 인도인의 삶을 더 잘 알게 되었어. 친마야는 38세로 두 아이의 아버지야. 대학에서 수학을 전공했는데 여행사를 하다 실패했대. 지금은 가이드 생활을 하지만 책임을 지는 부담이 적어 마음은 훨씬 편하다고 했어. 한국인 관광객이 많이 오는 12월부터 다음 해 2월까지가 최고 성수기라, 그때 번 돈이 거의 1년 수입이래. 어머니가 일찍 돌아가셨지만 혼자 남게 된 아버지는 재혼하지 않았대. 아버지는 다른 사람의 형편을 잘 헤아리는 마음 따뜻한 분이라서 결혼할 때 부인으로부터 지참금을 받지 않았다고 해. 아버지는 자신의 여동생이 결혼할 때 지참금을 마련하느라 부모님이 힘들어하는 모습을 보고 자신이 결혼할 때는 지참금을 받지 않겠다고 다짐했기 때문이래. 그런데 친마야 역시 결혼할 때 지참금을 받지 않았대. 배려심 많은 아버지를 닮아 그랬을 거야.

그런 친마야에게 한국 아이들이 좋아하는 전래동화를 들려주었지. '해와 달이 된 오누이'와 '콩쥐 팥쥐' 이야기였어. 그런데 재미있는 건 인도에도 그와 비슷한 이야기들이 있다는 거야. 권선징악을 주제로 한 이야기는 인간의 삶 어디서나 통하는 주제인가 봐.

인도 중부의 오지마을이었던 카주라호는 여행객들이 찾은 지 15년 정도 밖에 되지 않았지만 공항까지 생겼어. 유네스코 세계 문화유산으로 지정된 카마수트라 성애 조각상으로 유명한 서부 사원군 때문이야. 오후에 찾아갔어. 동·서·남으로 흩어져 있는 사원군의 외벽에는 수없이 많은 에로틱한 조각상이 있어. 상상을 초월하는

카주라호에 있는 사원의 미투나상

야한 장면이 사실적으로 표현되어서 좀 민망하지만 아름다웠지.

카주라호 사원은 우리나라로 말하면 고려시대인 10~13세기에 지어졌어. 인도 북부 지방의 패권을 잡았던 찬델라 왕조의 유적이야. 당시는 전쟁이 잦았어. 죽음과 배고픔으로 피폐해진 사람들을 에로틱한 성애상을 통해 위로 받으려고 했는지도 몰라. 낯 뜨거운 조각품이지만 돌을 조각하면서도 곡선의 미를 살리고 얇은 망사까지 표현하리만치 섬세하고 정교한 솜씨야. 종교 수행 과정을 표현했으니 외설로 해석하지 않는 게 맞을 거야. 사원을 지은 사람은 원초적인 본능의 충족이 이 세상에서 악마를 몰아내고 궁극의 해탈에 이르는 길이라 생각했나 봐. 육체적 쾌락도, 정신적 수련 방법인 요가도 번뇌에서 벗어날 수 있는 수단이라고 여겼을지도 모르지. 아무튼 마음이 복잡해지는 조각상이었어.

카주라호의 동쪽 사원은 힌두 사원과 세 곳의 자이나교 사원이 섞여 있어. 입구가 상가와 붙어서 언뜻 시장에 들어선 듯해. 입구에서 보면 오른쪽으로 첫 번째 건물이 샨티나드 사원이야. 자이나교를 소개하는 각종 신상과 조각상이 가득해. 이미 깨끗하고 정갈한데도 사원의 관리자는 빗자루로 연신 사원 경내를 쓸고 닦았어. 발밑이 깨끗해서 맨발로 걸어 다녀도 흙먼지하나 묻지 않을 듯했어.

샨티나드 사원을 끼고 오른쪽으로 돌면 아디나트 사원이야. 규모는 작지만 다양한 표정의 여인상이 벽면에 조각되었지. 서부 사원처럼 에로틱한 조각상은 없지만 발의 가시를 빼는 여인상과 요염한 자태로 화장을 하는 여인상이 눈길을 끌었어. 여체의 곡선과 풍만함을 잘 표현해 놓아서 그 시대의 뛰어난 조각 솜씨와 예술미에 다시 감탄했단다.

편안한 발걸음으로 카주라호의 시골마을을 걷고 싶었지만 시간이 부족했어. 상인들의 호객행위에 마음 빼앗기지 않으려고 발걸음을 재촉하며 숙소로 향했지. 한가롭게 마을 안길을 걸었으면 했지만 어둠이 내리고 있어서 접었어.

저녁을 먹기 전 칸다리야 전통춤 공연을 보았어. 해설이 나와도 다 알아들을 수는 없었지만 사랑과 화합에 대한 내용임은 분명해. 화려한 의상과 장신구, 손과 발의 역동적인 움직임, 우아한 몸짓까지 아름다웠지. 때론 서커스의 한 장면처럼 몸을 돌리기도 하고. 어떤 악기 소리는 우리 사물놀이 장단처럼 귀에 익숙하더구나. 농사를 짓던 문화였기에 가락이 비슷할 거라 생각했단다.

• 힌두 사원에는 왜 '링가'와 '요니'가 있을까?

힌두 사원 안에는 남자의 성기 모양을 한 검은 돌 '링가'와 여자의 성기 모양을 한 '요니'가 있어. 링가와 요니를 결합해 사원 중앙에 모셔 놓기도 해. 여기엔 재미난 신화가 담겨 있어. 옛날에 수행자들이 모여 세상에서 일어나는 온갖 고민을 해결하려고 의견을 모으고 있었대. 마침 지나가던 시바신이 장난 삼아 젊은 남자로 변한 거야. 젊은 남자는 수행자들의 부인을 유혹해 밤새 춤을 추며 놀았지. 이를 본 수행자들은 몹시 화가 나서 젊은 남자의 성기가 떨어지라고 주문을 걸었어. 하지만 강력한 신神인 시바에게 이 주문이 통할 리 없었지. 시바는 오히려 화가 나서 자신의 성기를 자르고 홀연히 사라졌어.

시바가 사라지자 만물이 생식을 중단하고 세상은 황량하게 변했지. 비도 오지 않아 농사도 지을 수 없었어. 할 수 없이 수행자들은 시바의 부인 삭티를 찾아가 제발 문제를 해결해 달라고 사정했어. 삭티는 수행자의 요청을 받아 여성의 성기 모양으로 변해 시바를 유혹했어. 삭티의 유혹에 넘어간 시바는 자기가 자른 성기를 다시 붙였대. 이로써 모든 만물의 생식이 시작되고 세상은 다시 풍요해졌대.

젊은 남자로 변한 시바를 알아보지 못했던 수행자들은 또다시 실수하지 않기 위해 묘안을 짰어. 바로 시바의 사원을 한눈에 알아볼 수 있게 사원 안에 생식의 상징인 링가와 요니를 모시기로 결정한 거야. 그때부터 시바신을 모시는 사원에는 링가와 요니를 두게 되었대. 음양의 원리를 적용해 둘이 있어야 존재가 완전하다고 본 거지. 힌두교인은 시바신을 만나러 갈 때는 몸을 깨끗하게 한대. 그리고 성싱한 꽃과 깨끗한 물, 새싹, 과일, 말린 쌀을 바치면서 신에게 감사하고 보살핌을 기원하지.

오르차 가는 길

오르차는 교통의 요충지인 잔시와 카주라호 사이에 위치한 작은 마을이야. 카주라호에서 서너 시간 걸리는 거리여서 가는 동안 버스 차창으로 바깥 풍경을 볼 수 있어. 아침 공기에 습기가 배어 있었어. 여전히 바짝 마른 땅에는 풀들이 지천으로 파릇했지. 초라한 움막에서 아침을 차리는 가족의 소박함도 정겨웠어. 추위를 견디려고 불을 피워 놓고 옹기종기 둥글게 모여 앉은 사람들도 있지. 허물어진 돌담과 벽돌집은 초라하지만 그 안에 사는 이들에게는 안온한 곳이라 생각하니 왠지 뭉클했단다.

인도 도로에서는 동물을 흔하게 볼 수 있어. 소·개·닭·돼지·말과 자주는 아니어도 낙타나 코끼리도 볼 수 있거든. 가장 흔한 게 소야. 풀밭 위를 노닐어야 할 소들이 도로 위를 힘겹게 걷고 있으니 안쓰러워.

우연히 재밌는 광경도 목격했어. 하얀 털에 얼룩점이 있는 튼실한 돼지 두 마리가 차들이 쌩쌩 달리는 도로 옆에서 짝짓기를 하고 있는 거야. 한 놈은 밑에 있고 한 놈은 올라타서 있는 힘껏 용을 쓰더군. 돼지꿈을 꾸면 복꿈이라 재물 운이 들어온다는데 아침부터 이런 장면을 보았으니 어떤 복을 받게 될까 기대하며 차의 빠른 속도가 아쉬웠어.

시가지 중심부로 진입할수록 더 혼잡했어. 횡단보도도, 신호등도, 차선도, 인도도 따로 없는 도로에서 차량의 흐름이 쉴 새 없이 이어지더구나. 그 사이로 오토바이와 자전거와 릭샤와 사람과 소까지 걸어 다니고, 역주행하는 차까지 뒤엉켜서 정신이 하나도 없었지. 가만히 들여다보니 나름 질서와 규칙이 있더구나. 빵빵 울려대는 경적 소리와 손짓으로 무언의 소통이 끊임없이 오갔어.

길가의 노점상은 흙먼지와 매연이 자욱해도 음식을 해서 팔아. 도마나 칼 같은 조리도구가 비위생적으로 보이는데 이들은 별문제로 삼지 않아. 인도는 이색 직업도 많아. 빨래만 해 주거나 심지어 귀지만 파 주는 사람도 있거든. 도시나 농촌에서 거리의 이발사를 흔하게 만나지. 특히 나무 그늘 밑에 마련된 이동식 이발소에서 능숙한 손놀림으로 가위질하는 이발사의 표정은 아주 진지해.

가끔씩 유난히 많은 사람들이 몰려 있는 곳도 있어. 선거철인지 벽에는 출마자 얼굴과 정당이 표기된 포스터와 현수막이 걸렸고, 이동 차량의 단 위에서는 누군가 마이크를 잡고 자신이 내세우는 공약을 주장했어. 정부의 정책에 반대하거나 자신들의 요구사항을 들어달라는, 시위대처럼 보이는 무리도 만났어. 또 다른 무리가 모인 곳은 인력 시장인데, 일자리를 구하려는 사람들이 점포 앞에 모였어. 하루 일당을 500루피도 못 받는 사람이 많다고 해. 500루피면 우리 돈으로 약 8,500원 정도니 아주 저임금이지. 물론 기술에 따라 더 높은 임금을 받는 사람도 많을 거야.

카주라호에서 출발한 지 2시간이 지나 도로 휴게소 화장실에 들렀어. 기차역 공중화장실보다 훨씬 청결했지. 입구에서 노인이 1인당 50루피(약 850원)를 받고 휴지를 잘라 둘둘 말아 주더구나. 우리나라 고속도로 휴게소 서비스는 아마도 세계 최고일 거야. 유럽에 가도 박물관이나 휴게소의 화장실에 들어가려면 돈을 내야 하는 곳이 많아.

휴게소 옆 나무는 참 특이해. 야자나무처럼 생겼는데 나무의 표피에 부드러운 융 같은 솜털이 붙었어. 손톱으로 긁어 보니 부드럽게 떨어지고 글자를 새겨도 돼. 아름드리 기둥에 대나무처럼 마디가 있는 나무도 있고 꽃도 다양해. 나팔꽃처럼 줄기가 아니라 가지에 꽃이 달렸지. 맨드라미도 어찌나 큰지 2미터가 넘었고, 우리나라에서는 볼 수 없는 주황이 섞인 노란색 맨드라미도 있어.

오르차성으로 가는 중간에 긴 강이 하나 있어. 강폭은 넓었지만 건기라 물이 말랐어. 초록 이끼가 덮힌 강바닥에 소 수십 마리가 들어가서는 고여 있는 물을 핥았어. 허허벌판에 갑자기 뿌옇게 먼지가 번지길래 무슨 일인가 했더니만 시멘트 공장이 나타나더군. 근처에 시멘트 원료인 석회암 돌무더기가 흩어져 있더구나.

• 정당 벽보에 담긴 그림은 무엇을 상징할까?

흔히들 인도 선거를 '지상 최대의 민주주의 축제'라고 부르지. 자유·
보통 선거를 실시하는 나라 중에서 유권자 수가 가장 많기 때문이야. 인
도 대다수 하층민은 글을 몰라. 남성의 18퍼센트, 여성은 34퍼센트가 읽
고 쓸 줄을 모른대. 그래서 문맹자를 위해 각 정당은 대표 심벌을 가지
고 있어. 투표용지에도 반드시 표기하지. 유권자는 심벌을 보고 투표한
단다. 인도국민회의 심벌은 '오른 손바닥'이야. 오른 손바닥을 든다는 것
은 선언을 하거나 다짐을 한다는 의미잖아. 또 왕이나 높은 신분을 가진
사람이 아랫사람에게 좋은 것을 주겠다는 시혜의 의미이고 약속을 잘
지키겠다는 의미지. 인도 제2의 정당이고 힌두를 우선하는 인도인민당
의 심벌은 '연꽃'이야. 연꽃은 인도에서 지혜를 상징해. 혼탁하고 지저분
한 세상에서 지혜 있는 사람이 연꽃으로 피어나듯 자신의 정당 역시 그

연꽃 그림으로 정당의 심벌을 그린 선거 홍보 벽보

역할을 하겠다는 뜻을 담았지. 대중사회당의 심벌은 '흰코끼리'야. 코끼리는 무리지어 살면서 가족에 대한 애정이 깊어 약한 새끼를 더 잘 돌보지. 바로 그런 코끼리처럼 약하고 소외된 하층민을 더 잘 돌보는 정당이 되겠다는 의미를 담고 있어. 남인도 타밀라두주 지역정당 DMK의 심벌은 '산 능선 사이로 떠오르는 태양'의 모습이야. 태양처럼 '세상을 밝히는 정당'이 되겠다는 뜻으로 이해할 수 있겠지. 인도 여행을 가면 또 어떤 정당이 있는지 심벌을 찾아보렴.

중세의 고성으로 떠나는 시간여행
오르차Orcha

    덜컹거리며 울퉁불퉁 비포장도로를 달린 버스는 오르차에 도착했어. 오르차는 '숨어 있다'는 뜻을 가진 조용한 마을이지만 전체가 분델라 왕조의 유적이야. 오르차성은 웅장하고 고색창연해. 마을 둘레를 휘감은 성벽과 곳곳에 솟아있는 옛 왕조의 건축물을 보면 마치 중세시대로 시간여행을 떠나온 듯하지.

    성을 휘돌아 흐르는 베트와강이 자연스럽게 해자 역할을 하고 있어. 해자는 성의 방어를 위해 성 밖으로 애둘러서 파 놓은 못을 말해. 다리를 건너 성문 앞 매표소를 통과하면 분델라 왕조의 궁전이던 라자마할과 무굴제국 4대 황제를 위해 지은 제항기르마할이 나타나지.

라자마할 궁전

　라자마할 궁전의 왕 접견실 테라스에는 링가와 요니를 모셔 둔 시바 신전이 있어. 16세기 건축물인 라자마할왕의 접견실은 아름다운 아치형 공간인데 28개의 기둥이 남아 있지. 왼쪽 계단 위의 단은 왕이 신하들의 의견을 듣고 법과 행정을 수행하던 곳이래. 내부의 천장을 장식한 그림은 자연에서 얻은 색으로 칠했어. 오랜 시

라자마할 궁전

간이 지났어도 여전히 색은 선명해. 화려하고 아름다운 벽화는 힌두 신화에 나오는 신과 왕족의 생활과 함께 공작새·코끼리·들소·사슴·양을 세밀하게 표현했더구나.

라자마할에 들어서면 ㅁ모양의 마당이 있고 주위로 4~5층 높이의 궁전이 둘러싸고 있어. 600여 년 전에 성을 5층이나 쌓은 것만으로도 대단한데, 계절의 변화를 녹이는 지혜도 담았어. 여름방과 겨울방을 따로 나누고, 여름방은 바람이 시원하게 통하도록 설계를 했고 겨울방은 아늑한 느낌이 들도록 지었더구나.

라자마할 중앙에 있는 넓은 단은 무대였어. 무용수는 무대에서 춤추고 왕과 왕비는 위층 테라스에서 그 광경을 보며 즐거웠을 거야. 화려한 장식과 조각, 튀어나온 발코니, 격자창이 건물의 특징이야. 미로 같은 계단을 오르내리다 보면 길을 잃어버릴까 긴장하게 되더라고. 돌을 조각한 장인의 섬세한 솜씨가 놀라울 뿐이야.

제항기르마할 궁전

라자마할을 나와서 넓은 마당의 맞은편으로 건너가면 또 다른 궁전이 나와. 바로 제항기르마할이지. 훌륭하고 거대한 건축물이야. 넓은 마당으로 둘러싸인 궁전은 고색창연한데 무척 아름답지. 5층인데 132개의 방으로 이루어졌고, 건축 당시 지하에 900여 개의 방이 있었다고 해. 처마 밑 장식은 레이스처럼 곡선인데 나무도 아닌 단단한 돌을 섬세하게 조각할 수 있다니 놀랍지.

계단을 통해 5층에 다다르면 성벽 넘어 너른 들판이 한눈에 들어와. 특히 격자창으로 보는 바깥 풍경은 카메라렌즈처럼 집중해서 볼 수 있기에 신비감을 더해. 작은 창문으로 강한 바람이 들어오도록 설계해 시원하고 쾌적하지. 왕이 드나들던 성문에는 사암으로 조각된 섬세한 코끼리가 있어. 제항기르마할은 오르차 분델라 왕조의 왕 비르 싱 데오가 제항기르를 위해 10년 동안 공을 들여 만든 건물이래.

• 힌두 왕국 분델라의 왕 비르 싱 데오의 도박은 성공했을까?

분델라 왕조는 오르차 주변을 다스리던 작은 왕국이었어. 기회가 올 때마다 더 넓은 땅을 차지하려고 했지. 1602년에 마침내 기회가 온 거야.

당시 큰 나라였던 무굴제국의 악바르황제는 30년간 정복전쟁을 통해 북인도 전체를 포함하는 대제국을 세워가고 있었어. 그런데 악바르황제가 원정을 나간 사이 큰아들 제항기르가 반란을 일으켜 스스로 황제라고 선포한 거야. 하지만 원정에서 돌아온 아버지 황제는 아들 제항기르를 제압했고 반란은 실패했어. 도망자 신세가 된 제항기르는 추격을 피해 속국이던 오르차로 찾아왔지. 자신을 숨겨 주면 보답하겠다며 간곡히 부탁했어.

"어차피 나는 제국의 큰아들이다. 이번 위기만 넘기면 나는 반드시 왕이 될 것이다."

오르차의 왕인 비르 싱 데오는 고민에 빠져. 반역한 왕자를 숨겨 주다 악바르황제에게 발각되면 그야말로 자신의 목숨은 물론 왕국까지 몰락하게 될 위험에 놓이니까 말이야.

고민하던 비르 싱 데오는 왕자 쪽에 도박을 걸었어. 그를 숨겨 주기로 결심한 거지. 결국 비르 싱 데오의 도박은 성공했어. 그로부터 3년 후 악바르황제가 죽고 왕자가 차기 황제로 등극하는 행운을 맞게 된 거야. 황제가 된 왕자 또한 의리를 저버리지 않고 지난날에 자신을 숨겨 준 비르 싱 데오와 그의 왕국에 적극적인 지원을 했지. 소국이었던 분델라 왕조는 급격히 성장해 번영을 누려.

비르 싱 데오는 황제가 된 제항기르가 오르차를 방문할 때를 준비해 힌두 양식과 이슬람 양식이 조화되도록 궁전을 지었지. 제항기르는 오르차를 다시 찾았고 자신을 위해 지은 궁전에서 단 하루를 머물렀어. 이런 그들의 인연이 소중한 문화유적으로 남았단다.

하지만 세상에 영원한 풍요는 없나 봐. 제항기르가 죽고 샤자한이 다음 황제가 되면서 더 이상 특권을 누릴 수 없게 된 분델라 왕국은 급격히 쇠퇴해. 과거의 영화가 물거품처럼 꺼지는 것을 참을 수 없었던 비르 싱 데오는 무굴제국을 상대로 반란을 일으켜. 하지만 결과는 후에 무굴제국의 마지막 황제가 되는 당시 13살이었던 왕자 아우랑제브에 의해 철저하게 파괴되지. 오르차 왕국의 황금시대는 겨우 22년에 불과했고 비극으로 끝이 났단다.

오르차 고성에서 아쉬웠던 점은 고성 관리를 맡고 있는 정부의 무신경이야. 나무로 만든 건축물은 사람의 손길이 닿으면 보존이 더 잘 되지만, 돌로 된 건축물은 사람의 손때가 묻으면 훼손이 빨라. 성을 나오면서 보니 성문 앞 다리 위나 구석에서 버젓이 오줌을 누는 사람도 있고, 개 배설물과 강에 버려진 쓰레기에서 올라오는 오물 냄새까지 진동했어. 소중한 문화 유적지인데 보존 상태가 나빠서 더 훼손될까 봐 걱정이 되더구나.

잔시역에서 만난 사람

오르차성을 나와 아그라로 가기 위해 버스를 타고 잔시역으로 이동했어. 40분 정도 걸렸지. 창밖 풍경도 익숙해졌어. 빨래가 널린 주택과 일상을 살고 있는 사람들, 달리는 오토릭샤와 자전거, 자동차, 그 사이를 느릿느릿 걷고 있는 소들은 여전해. 우리나라 대표기업인 삼성과 LG전자 대리점의 간판도 보여서 반가웠지. 오후 5시 즈음 잔시역에 도착하니 주위가 조금씩 어두워졌어. 붉은 색과 흰색 아치형으로 꾸며진 기차역은 그런대로 깔끔했어.

기차역은 많은 사람들로 북적였어. 가방을 끌고 육교 계단 앞으로 갔는데 에스컬레이터가 멈춰 있어. 계단 꼭대기를 보니 한참이야. 무거운 가방을 챙겨서 오르려니 까마득했어.

그때였어. 붉은 옷을 입은 짐꾼들이 나타나 가방 1개당 50루피(약 850원)를 받고 머리에 짐을 이기 시작했어. 한 푼이라도 더 받으려고 무거운 가방을 겹쳐 두 개씩 머리에 올려놓는 짐꾼도 있어. 목뼈는 무사할까 염려되었지. 다행히 오를 때만 가파르고 내려갈 때는 비스듬한 경사라서 그나마 나았어. 짐꾼들은 일반 승객과 구별 짓는 표시로 가슴에 타원형 금속 목걸이를 걸고 다닌단다.

비싼 특급열차 표를 예매했더니 정시에 도착한다더군. 오래 기다

잔시역의 짐꾼

리지 않아도 되었어. 기차역 안의 오른쪽으로 여자와 남자가 쉬는 휴게소가 따로 마련되어 있어. 휴게실 안은 비싼 기차표를 구입한 사람만이 들어갈 수 있어. 노숙자 같은 남루한 차림의 사람들은 휴게소 밖에 얇은 담요를 깔고 구석에 앉거나 누워 있더구나.

유독 눈에 띄는 청년이 있었어. 몸에 걸칠 담요도 한 장 없이 벽에 등을 기댄 채로 맨바닥에 무릎을 세우고 앉아 초점 없는 눈을 허공에 띄우고 쉴 새 없이 머리를 좌우로 흔드는 거야. 아무리 봐도 온전한 정신이 아닌 것 같아 마음이 너무 아팠어. 누군가의 아들이고 그에게도 사람답게 살아야 할 권리와 꿈이 있을 텐데 차가운 바닥에 앉아 정신을 놓고 있으니 말이야.

열차는 오후 6시 출발 예정이었는데 오후 7시에 출발했어. 잔시에서 아그라로 가는 데는 3시간 30분 정도 걸려. 기차 좌석은 순방향과 역방향으로 마주 보고 있어. 가운데 좌석은 테이블까지 있어서 식당 칸이 들어온 듯해. 짐은 의자 위 선반 짐칸에 올려놓을 수 있어.

의자 옆 창가 쪽에 콘센트가 설치되어서 앞좌석에 앉은 승객은 전기 코드를 연결해 노트북을 켜고 뭔가를 했지. 옆에 앉은 사람도 연신 휴대폰으로 누군가와 통화했어. 바로 뒷자리에 앉은 승객은 머리에 터번을 쓴 시크교도야. 큰 소리로 떠드는 웃음소리에 뒤돌아보니 휴대폰으로 TV드라마를 보고 있지 뭐야. 어디서나 컴퓨터와 휴대폰에 대한 사랑(?)은 뜨겁더구나.

통로를 사이에 두고 건너편에 긴 천을 몸에 휘감은 옷인 사리를 입은 인도 할머니가 내 생김새와 행동이 낯선 지 흘끔흘끔 보는 거야. 생각해 보니 나 역시도 외국인을 볼 때 호기심으로 슬쩍슬쩍 쳐다봤는데 그들도 나처럼 불편했을 거야. 다음엔 부드럽게 싱긋 미소지어 줘야지. 그래도 특급 열차라고 비행기 기내식 같은 도시락도 나오고 요플레나 샌드위치 같은 간식도 나왔어. 1리터짜리 생수도 줘. 잠깐 잠이 들었다 깼는데도 야간열차다 보니 바깥 풍경을 볼 수 없어서 조금 지루하더구나.

밤 10시 30분에 아그라역에 도착했어. 밤기운이 쌀쌀하더구나. 역을 나가자 길 밖에 노숙자들이 즐비했어. 충격이야. 차가운 길바닥에 사람들이 켜켜이 누워 자는데 맨발에 얇은 천을 덮었어. 갓난아기까지 있더구나. 마음이 편하지 않지. 절대빈곤을 견디며 살아가는 이들에게 삶이란 어떤 의미일까. 누구나 기쁨과 슬픔이 있고 때로는 고통도 찾아오지. 그런데 이들에겐 슬픔과 고통만 있는 것 같아서 보기조차 힘들었어.

• 시크교도의 신앙을 상징하는 다섯 가지 물건은 무엇일까?

시크교는 힌두교와 이슬람교의 장점이 결합된 종교야. 힌두교의 우상 숭배와 이슬람교의 형식적인 예배를 비판하면서 생겨났지. 시크교의 창시자 나나크는 1469년 펀자브 지방에서 태어났어. 인도를 지배하고 있던 힌두교와 이슬람교의 갈등에 염증을 느낀 나나크는 신의 이름을 끊임없이 부르는 사람은 누구나 해탈과 구원을 얻는다고 가르쳤단다.

시크교도는 다른 사람을 도와줄수록 신에게 가까이 간다고 생각해. 신은 인간을 누구나 평등하게 여긴다고 믿어. 남자 시크는 긴 머리를 상투처럼 틀어 터번으로 감싸고 '싱(사자)'이라는 이름을 갖고, 여자는 '카우르(공주)'라는 이름을 가진대.

시크교의 교리를 가르쳤던 10대 구루 고빈트 싱은 시크교에 대한 박해를 피하기 위해 그들의 신앙을 상징하는 다섯 가지 물건을 지니게 했어. 이 걸로 전쟁에서 적과 동지를 구별했지. 9대 구루 테크 바하두르가 전쟁에서 체포되어 무굴제국의 왕에게 개종을 강요당하다 처형되었거든.

* 다섯 가지 상징물과 의미

① 케쉬(자르지 않은 머리카락): 자연을 해치지 않는 것이 신에 대한 헌신

② 캉가(나무 빗): 긴 머리를 깔끔하고 단정하게 하기

③ 카체라(흰 속옷): 정숙하고 깨끗하게 보이기

④ 카라(금속으로 만든 목걸이와 팔찌): 영원함과 강한 힘

⑤ 키르판(짧은 칼): 시크교도에게 진리를 지키도록 일깨우는 것

사랑의 도시
아그라Agra

아그라는 뉴델리 남쪽에서 240킬로미터 떨어졌어. 200년간 무굴 제국의 수도로서 화려한 역사를 간직한 도시이기도 해. 힌두의 대서사시 〈마하바라타〉에 '천국의 정원'이라고 기록되어 있는 아그라에는 하얀 대리석으로 지어 눈이 부신 타지마할과 무굴제국의 철옹성인 아그라성이 있지.

아! 타지마할

타지마할은 아침 일찍 가면 덜 혼잡하고 날도 뜨겁지 않아서 좋아. 입장료는 외국인은 1,000루피(약 1만 7,400원), 내국인은 200루피(약 2,400원)야. 입장할 때 필기도구, 라이터, 성냥, 칼은 물론 사탕이나 어떤 음식도 들고 들어갈 수 없어. 공항 검색대처럼 몸과 가방을 수색한단다. 단 외국인의 경우 비싼 입장료를 내는 대신 500리터 생수 한 병과 덧신을 줘. 현지인이 신전에 들어가면 신발을 벗어야 하지만 외국인은 신발에 덧신을 신게 해 줘. 휴대폰을 갖고 들어가 사진을 찍을 수 있어서 그나마 다행이었어.

정문을 들어서면 탄성이 절로 나와. 크림처럼 하얀 대리석 둥근 지붕 건물인 타지마할과 연못에 비친 타지마할의 그림자가 너무나 아름답거든. 햇빛이 비치는 각도에 따라 다른 빛깔로 변하는 하얀 대리석 건물을 눈앞에서 본다는 것은 감동 그 자체야.

"아, 타지마할! 눈부시고 기품 있게 서 있는 영롱한 건물, 뭄타즈 마할의 무덤이구나!"

무굴제국의 왕 샤자한은 예술 감각을 가진 군인이자 정치가였어. 아내가 죽고 거의 2년간 슬픔에 빠져 있던 그는 1632년 아내의 묘지 건축을 시작해서 22년 만에 완성해. 타지마할은 가로 300미터, 세로가 560미터이고 귀퉁이에 네 개의 첨탑이 솟아 있어. 첨탑 높이는 43미터인데 하늘을 향해 오르는 계단처럼 보이기도 하고, 천국에서 내려오는 기도를 받아들이는 통로 같기도 해. 건물 앞 좌우대칭의 정원은 균형과 조화로 타지마할을 더욱 빛나게 해.

길게 늘어선 줄에 서 있다가 마침내 본당 내부로 들어갔어. 1층에는 관람객이 볼 왕과 왕비의 관이 있지만 가짜고, 진짜 관은 지하에 숨겨져 있어. 관에는 코란의 구절이 새겨 있는데 해석하면 이런

뭄타즈마할 왕비를 그리워하며 지었다는 타지마할

내용이야. '그들의 보상은 신과 함께 있다. 개울이 흐르는 영원한 행복의 정원-98장'. 벽면과 기둥에 새겨진 꽃 그림과 조각은 섬세하고 화려해. 하얀 대리석 벽면에 연꽃, 장미, 자스민 문양의 꽃 그림을 그리고 파낸 다음 붉은 루비, 엷은 갈색과 황갈색 마노, 푸른 옥, 사파이어, 산호, 진주를 박아 꽃과 잎을 새겨 넣었어. '피에트라 두라'라는 페르시아식 상감 장식 기법이라고 해. 마치 하얀 린넨 위에 수를 놓은 듯 보여. 그물 모양으로 조각한 대리석 창으로 햇빛이 들어오고 있었어.

타지마할을 짓는 공사는 조선이 병자호란을 겪기 4년 전에 시작되었어. 샤자한은 무굴제국은 물론 이란, 이탈리아, 프랑스의 건축가와 기술자를 불러 모았어. 그러고는 가장 멋진 나무를 심었어. 건물이 완공될 쯤 나무도 자랄 테니 멋진 정원을 꾸밀 수 있잖아.

최고급 대리석은 인도 라자스탄주 마크라나산에서 가져왔고, 궁전 내부와 외부를 장식한 보석과 준보석은 이집트, 터키, 티베트, 미얀마, 중국 등 세계 각지에서 수입했어. 공사가 끝날 때까지 22년간 천 마리의 코끼리가 자재를 운반하는 데 동원되었는데, 건축 비용도 지금 비용으로 환산하면 700억 원이 넘는 엄청난 비용이래.

너무나 아름다운 광경을 보고 있자니 나도 모르게 눈물이 어룽거렸어. 화려한 건물을 짓기 위해 매일 2만 명에 달하는 일꾼들이 22년간 흘렸을 땀과 눈물이 느껴졌어. 인도는 남아시아에 속한 무더운 나라야. 그늘 한 점 없는 태양 아래 일꾼들은 무더위를 견디며 작업했겠지.

샤자한이 황제로서 가져야 할 국가와 백성의 삶에 대한 책임감을 생각할 때 과연 그의 행동은 옳았을까? 따져 보면 샤자한의 행동은 독재요, 사치와 낭비의 극치였지. 샤자한은 타지마할보다 더 아름다운 건축물을 짓지 못하게 장인들의 손목을 잘랐다는 이야기가 있어. 이 말이 야사가 아니고 사실이라면 그 원망과 한은 타지마할 곁을 흐르는 야무나강을 채우고도 남을 거야.

그럼에도 타지마할은 인도의 보물이자 세계적인 문화유산이 되었으니 역사의 아이러니지.

• 타지마할의 주인공 '뭄타즈마할'은 어떤 사람일까?

뭄타즈마할은 시장에서 목걸이를 만들어 팔던 가난한 상인의 딸이었대. 샤자한황제의 아버지인 제항기르의 스무 번째 아내인 누르자한의 조카였어. 샤자한은 시장에서 우연히 15세 소녀를 만나 첫눈에 반했지.

"당신을 뭄타즈마할이라고 부르겠소!"

샤자한은 소녀에게 새로운 이름을 선물했단다. '뭄타즈마할'은 '궁궐의 꽃'이란 뜻이야. 19살에 샤자한과 결혼한 그녀는 남편을 위해 헌신했고 샤자한도 그녀를 사랑했어. 국가의 정사도 의논하고 전쟁터에도 함께 갔지. 그녀는 전쟁터 막사에서 14번째 아이를 출산하다 38세로 사망해. 둘의 사랑은 서로에게 첫사랑이자 마지막 사랑이었어.

무굴제국의 철옹성
아그라성

아그라성은 타지마할에서 걸어서 삼사십 분 거리로 가까워. 아그라성은 1566년 무굴제국의 제3대 악바르황제가 수도를 델리에서 아그라로 옮기면서 전쟁을 대비해 만든 견고한 요새야. 붉은 사암으로 쌓아올린 성벽은 높이가 25미터고 길이는 2.5킬로미터야. 성둘레는 침입을 막는 해자를 팠어. 또 코끼리부대가 손쉽게 들어오지 못하게 성 내부로 오르는 도로는 급하게 휘도록 설계했어. 후에 악바르황제의 손자인 샤자한이 건물을 보수하고 정원을 꾸며서 왕궁으로 삼았지. 현재도 성 부지의 80퍼센트는 군대가 관리한대.

아그라성은 입구부터 높다란 붉은색 성벽이 턱하니 버티고 있어서 분위기를 압도해. 벽을 보면 정교하게 새겨진 이슬람 양식의 무늬가 탁월한데, 무굴제국의 찬란했던 영화를 한눈에 알 수 있지. 높다란 정문을 통과하면 붉은 사암으로 지은 커다란 건물의 기둥과

아그라성 대리석 장식 문양

벽면이 보이는데, 거기에 새겨진 조각을 보고 있노라면 탄성이 절로 나와. 바위를 다듬어서 기둥을 세우고 벽을 만들었는데, 나무를 다듬어서 만든 것보다 더 정교하고 아름다우니 말이야.

특히 돋보이는 곳은 국왕의 일반 접견실인 디와니암이야. 붉은 사암으로 지은 건물인데 기둥과 벽과 테라스의 조각이 섬세하지. 디와니카스 역시 아름답고 황홀하더구나. 흰 대리석 건물인데 왕의 특별 접견실로 귀빈들을 만나던 곳이야. 갖가지 색깔의 대리석으로 조각한 벽과 천장은 두말할 나위가 없고, 큰 대리석을 다듬어 만든 창살문을 보고 있으면 숨이 막힐 지경이야. 단단한 돌을 방충망처럼 촘촘하게 뚫어 놓았거든. 널따란 정원은 돌로 기하학적 무늬를 꾸몄고 여러 꽃을 심어 놓았어. 가운데 바위를 다듬어서 수로를 만들고 물을 흐르게 해 천연 에어컨처럼 냉방 효과를 얻었지. 무더위에 적응하는 과학기술이 대단한 것 같아.

아그라성에 돌출된 무삼만 버즈는 '포로의 탑'이라는 별명이 붙었는데 팔각형 탑이야. 성을 완공한 샤자한은 자신을 왕위에서 내쫓은 셋째 아들 아우랑제브에 의해 이곳에서 8년 동안이나 갇혀 있다가 죽었어. 자신이 갇힐 것을 예상하고 짓지는 않았겠지만 그곳에서 바라본 타지마할은 더없이 아름다웠을 거야. 샤자한은 왕비와 함께했던 시간을 추억하며 외로움과 쓸쓸함을 견뎠겠지.

아그라성에는 건물이 하도 많아서 이 건물 저 건물을 맴돌면서 구경을 하다가 중앙광장을 만났어. 왕이 신하를 거느리고 행사를 열었을 넓은 정원 잔디밭의 한가운데에 커다랗고 깊은 우물이 있어. 물을 길어먹는 곳이 아니라 죄 지은 사람을 빠져 죽게 하는 곳이었대. 권력의 힘이 무엇인지 보여 주는 상징으로 존재했을 잔인한 우물은 끔찍하고 소름 끼쳤단다. 하지만 오랜 세월이 흐른 지금은 샤자한과 무굴제국의 영광도, 배신과 음모, 사랑과 증오, 권력에

아그라성의 중앙광장과 잔인한 우물

대한 욕망도 간 곳 없고 붉은 아그라성만 묵묵히 그곳에 서 있어.

Q 무굴제국의 이상적인 황제는 악바르일까? 아우랑제브일까?

무굴제국은 16세기 초부터 18세기 중반까지 인도의 넓은 지역을 통치했던 이슬람 왕조였단다. 아름다운 궁전과 함께 집단 예배를 보는 건물인 모스크를 지었어. 여러 종교를 포용하고 국제교류도 활발해 문화와 예술이 꽃을 피웠지. 인도 역사상 가장 화려한 전성기라고 할 수 있어. 이러한 무굴제국도 영국의 식민지가 되어 막을 내리지.

인도 역사상 가장 평화롭고 번성한 때는 3대 악바르대왕 시대란다. 종교에 대한 관용정책으로 피지배 세력인 힌두교인을 포용하고 사회를 개혁했지. 이슬람교도와 힌두교인의 결혼을 장려하고 힌두교인을 왕비로 맞았어. 힌두교인에게 걷던 인두세와 성지순례세를 없앴지. 힌두교의 악습인 사티를 비판하며 폐지하려고 힘썼어. 사티는 남편이 죽어 화장할 때 살아 있는 아내도 함께 불태우는 끔찍한 제도를 말해. 또 과부도 재혼할 수 있게 했단다.

그러나 마지막 6대 아우랑제브는 50년 동안 나라를 다스렸지만 악바르와는 반대의 정책을 펴서 많은 논란을 일으켰어. 그런 그가 아흔 살이 가까워질 무렵 죽음을 앞두고 자신이 했던 일에 회의를 느꼈는지 아들에게 말했대.

"내가 무서운 죄를 지었구나. 지금까지 무엇을 한 것인가? 어떤 처벌이 나를 기다리고 있을지 모르겠구나."

아우랑제브는 무엇을 했길래 두려움에 떨었을까? 먼저 이슬람식 샤리 아법을 실시했어. 도둑질을 하면 손이나 발을 자르고, 간음하다 걸리면 몸을 땅에 묻고 머리가 깨질 때까지 돌로 쳐서 죽이고, 술을 먹거나 남녀 가 가볍게 신체를 접촉해도 채찍으로 때리는 법이지. 악바르왕이 폐지 했던 힌두교도에 대한 세금을 다시 걷고 힌두교의 디왈리 축제도 금지 했어. 문화교류를 통한 정치적 융합도 거부했고. 힌두교와 타 종교에 관 용적이던 자신의 큰형 다라 쉬코를 배교자로 몰아 처형했지. 북으로는 아프가니스탄과 남으로는 데칸과도 자주 싸우느라 재정을 탕진했어. 시 크교 지도자도 고문해 죽였지. 강력한 통치를 했던 그는 결국 여러 차례 암살과 독살 위기를 겪었고 후유증으로 한쪽 눈을 잃고 궁궐도 아닌 바 깥 야영지에서 여든아홉 살에 비참한 최후를 맞았어.

방치된 폐허 위의 아름다움
파테푸르 시크리

버스로 1시간 정도 이동해 파테푸르 시크리로 갔어. 무굴제국의 3대 황제 악바르가 붉은 사암으로 지은 아름다운 성과 모스크가 있 는 곳이야.

악바르는 열세 살에 왕이 된 후 중앙집권제를 확립했어. 인종 차별을 금지하고, 신앙의 자유를 허용했으며 종교별로 부인을 얻었지. 그 결과 파테푸르 시크리의 건축에는 힌두교, 불교, 자이나교, 기독교, 이슬람교의 장식과 건축 기법이 조화롭게 섞여 있단다. 다른 유목사회의 군주들과 마찬가지로 악바르는 글을 읽거나 쓸 수 없는 문맹이었어. 그럼에도 악바르는 법전을 만들고, 왕조의 역사와 지방 행정제도 등 여러 분야를 자세히 기록하여 백과사전 같은 책을 남기게 했지. 이런 기록은 오늘날 무굴제국을 이해하는 기본 자료가 되고 있어.

이런 황제가 큰 결단을 했어. 수도를 옮긴 거야. 아그라에서 서남쪽으로 40킬로미터 떨어진 파테푸르 시크리에 신도시를 건설하고 수도를 이전한 거지. 이유가 재미있어. 무굴제국의 전성기를 연 악바르황제의 고민은 왕이 된 지 13년이 지났는데도 아들이 없었어.

황제는 사람을 풀어 영험하다는 예언자를 수소문했지. 다행히 성자는 수도인 아그라에서 멀지 않은 곳, 바로 오늘날의 파테푸르 시크리에 은거하고 있었지. 성자의 이름은 샤이크 살림 치스티인데 그는 이미 수많은 기적으로 민중의 신뢰를 받았어. 제국의 황제는 성자를 직접 만나러 갔어. 동굴 속에서 은거하던 성자는 황제를 보자 살며시 미소 지으며 손가락 셋을 펴 보였다고 해. 이듬해 악바르는 힌두 왕국의 공주 출신인 아내 조다 바이에게 아들을 얻어. 황제는 무척 기뻐하며 무모한 계획을 세우지. 성자 샤이크 살림 치스티가 있는 벌판으로 수도를 옮기기로 결정해 버린 거야.

성미 급한 황제는 궁전 일부가 완성되자 공사 현장으로 거처를 옮겨. 하지만 도시의 수명은 겨우 14년에 불과했어. 완공 전에 수도를 다시 아그라로 옮겨야 했거든. 가장 큰 이유는 물 부족이었어.

악바르황제가 아프가니스탄 정벌에서 돌아와 보니 파테푸르 시크리에는 물도 부족하고 전염병까지 돌았어. 그래서 15년도 안 돼서 다시 옛 아그라로 돌아가기로 한 거야. 계획도시인 만큼 아주 세세한 도로망을 갖춰 설계했지만 결국 성을 버리고 떠날 수밖에 없었지. 50만 명 이상이 살아야 할 도시에 우물이라고는 고작 20여 곳 뿐이었으니까. 파테푸르 시크리는 400년간 방치된 채 쓸모없이 버려졌어. 20세기에 들어와서야 발굴이 되면서 복원되었지. 잊혀진 도시였기에 역설적이게도 보존이 아주 잘된 유적이 되었단다.

왕궁으로 들어가 세 왕비의 궁을 비교하면 재미있어. 황제의 첫 번째 왕비(이슬람)의 방은 두 평 정도로 보이는 작은 방이야. 대리석으로 홈을 파서 보석을 붙이고 조각해서 화려하고 예뻐.

두 번째 왕비(기독교)의 방은 첫 번째 부인의 방보다 넓기는 한데 벽에 조각이나 보석 장식은 없어. 대신 예수와 성모 마리아의 모습이 담긴 성화의 흔적과 천장에 별 문양이 있어.

세 번째 왕비(힌두교) 조다 바이는 라자스탄 암베르성 성주의 딸이야. 정략결혼을 했지만 악바르가 그토록 원하던 아들을 낳아 준 여인이지. 400명에 달한 부인들 중에 처음 아들을 낳아 준 조다 바이에게 선물한 궁전은 넓고 화려해. 아들을 낳지 못한 첫째와 둘째 왕비는 어떤 마음으로 살았을까. 그들에게 연민이 가더구나.

궁에서 가장 돋보이는 건물은 판치마할이야. 황제만을 바라보며 살았던 여인들이 머물던 곳이지. 5층으로 되어 있는데 벽 없이 176개의 기둥만으로 이루어진 특이한 건물이야. 지붕은 이슬람 양식인데 내부는 힌두 건축의 영향이 강하고 코끼리, 연꽃, 백조가 장식되어 있어. 이슬람 세력과 힌두 세력 간의 통합에 신경을 썼기에 건축도 그 의미를 담았나 봐. 뜰 앞에는 황제가 시녀들을 말 삼아 장기를 즐겼다는 파치시정원이 있어. 예쁜 꽃과 푸른 야자수가 있는 연못 가운데 무대에서 무희들이 노래를 부르고 춤을 췄대.

궁의 정문 오른쪽에는 디와니카스 건물이 있어. 왕궁에서 가장 화려한 건물인데 악바르황제가 4대 종교 지도자들과 국사를 논하던 개인 접견실이야. 사암으로 지은 2층 건물인데 언뜻 보면 목조 건물처럼 보여. 중앙 기둥에는 위로부터 불교·기독교·자이나교·힌두교·이슬람교 양식 무늬가 차례대로 새겨져 종교의 화합과 조화라는 가치도 담고 있는 듯하더구나. 단단한 돌을 어떻게 무른 나무 다루듯 자유자재로 조각했을까. 프랑스 작가 빅토르 위고는 이 건물을 커다란 보석 상자 같다고 표현했단다.

악바르황제가 아들을 얻을 것이라고 예언한 샤이크 살림 치스티

파테푸르 시크리궁에 있는 디와니카스   디와니카스 안의 기둥

의 무덤은 사원에서 유일한 대리석 건물이야. 지금도 아들 낳기를 기원하는 인도 여인들의 발길이 이어지는 명소지.

자이푸르로 이동하면서 본 풍경

늦은 오후 버스는 라자스탄주의 주도 자이푸르로 이동했어. 아그라에서 핑크시티가 있는 자이푸르까지는 네다섯 시간 정도 걸린단다. 차창 밖으로 점점 어둠이 내렸어. 도로 옆 나무 주변은 벽돌로 원형 탑을 쌓거나 나무 막대로 울타리를 쳤어. 왜 그럴까? 바로 소 때문이야. 거리에는 늙은 소도 있지만 사슴처럼 날랜 검은 소도 많

아. 소는 풀밭에서 풀을 뜯어야 정상이지만 도시 소들은 쓰레기를 뒤지지. 그런 소들이 어린 나무를 보면 가차없이 잎을 뜯으니까, 가로수로 자라야 할 나무를 보호하려고 울타리를 쳐 놓은 거야.

도로 옆에는 소똥을 모아 동그란 접시나 반달 모양으로 빚어 말리는 걸 흔하게 볼 수 있어. 연료용 나무를 살 수 없는 가난한 사람은 소똥을 햇볕에 잘 말려 저장했다가 두고두고 꺼내 쓴단다. 소똥은 연기가 많이 나지 않고 잘 탈 뿐만 아니라 불이 붙으면 쉽게 꺼지지도 않지. 타고 나면 다시 흙으로 돌아가니 환경면에서도 우수해. 무공해 연료인 셈이야. 음식을 조리하거나 추운 밤 체온을 덥히는 데 소똥은 귀중한 연료이지. 은근히 타는 소똥은 연기도 그을음도 적으니 순박한 눈을 가진 소의 심성을 닮은 듯했어. 초라한 천막집에서 저녁밥 짓는 연기가 모락모락 피어올랐어. 왠지 마음이 따뜻해지는 광경이었단다.

창밖으로 드넓은 유채밭이 끝도 없이 펼쳐졌어. 저녁 놀에 노란 꽃이 초록색 잎과 어우러지니 파스텔 톤으로 부드러웠어. 지평선과 가까운 하늘에서 진홍색 붉은 햇덩이도 보았지. 붉은 해가 땅에 닿기 시작했어. 달리는 버스 안에서 보니 해는 나무숲 사이로 풍덩 빠졌다 나타나면서 주변을 붉게 물들이더니 순간 지평선 사이로 사라져 버렸어. 아쉬움보다 하루의 생명을 다하고 지는 석양의 아름다움에 내 마음도 녹아들었지.

전통의 땅
자이푸르Jaipur

자이푸르는 인도와 파키스탄이 국경을 맞대고 있는 라자스탄주의 주도야. 북인도 평원에서 사막지대로 들어가는 진입로 역할을 하는 도시지. 자이 싱 2세가 선조 때부터 살던 암베르성에서 벗어나 바둑판 모양으로 건설한 계획도시란다.

암베르성의 위용과 아름다움

아침부터 방문한 암베르성은 자이푸르 시내로부터 11킬로미터 떨어진 옛 왕조의 견고한 요새야. 방어를 위해 해발 100~200미터 높이의 구릉지에 건축했는데, 앞에는 호수가 있고, 건너편에는 또 다른 산이 하나 있어. 완공 후 한 번도 함락되지 않은 요새여서인지, 성 앞에 서자 그 위용에 기가 눌리더구나.

암베르성 방문객을 싣고 오르는 코끼리들

성을 올라가는 방법은 걷거나, 코끼리를 타거나, 차량을 이용하면 돼. 시간을 아끼기 위해 차를 탔어. 코끼리로 가는 데는 우리나라 돈 15,000원 정도가 필요해. 하지만 코끼리를 타고 오르막길을 뒤뚱거리기에는 위험하기도 하고 하루 종일 수십 차례 언덕길을 왕복해야 할 코끼리의 건강을 위협하는 행동이라서 타지 않았어.

인간은 그동안 길들이기 버거운 코끼리를 조련하기 위해 커창이라는 날카로운 쇠꼬챙이로 머리와 얼굴, 몸통을 반복적으로 찌르고 위협하며 조정했어. 무더운 날씨에도 코끼리는 관광객을 싣고 정상까지 올라. 힘이 들 때마다 커다란 귀를 부채처럼 펄럭이며 코를 흔들고 콧물을 뿜어댔어. 늙은 코끼리는 한참 먼저 출발해도 도착이 늦을 정도로 지쳐 보였어. 자세히 보니 등이며 귀에 상처가 수도 없이 많고 귀에는 구멍이 뚫린 흔적도 있었지. 코끼리를 보니 동물복지 같은 건 신경 쓸 수 없는 가난한 조련사의 삶이 안타깝고, 그의 생존 수단으로 견뎌야 할 코끼리도 불쌍하기만 했단다.

차를 타고 암베르성으로 올라가는 길은 고불고불하고 좁아. 마치 서울 성곽길 낙산 주변을 오르는 것 같았지. 차 안에서 성곽 주변의 마을 풍경을 볼 수 있어. 암베르성에 닿으니 푸른 하늘을 배경으로 산등성이에 요새의 성벽이 만리장성마냥 주욱 늘어섰어. 성벽의 첨탑은 마치 봉화대처럼 보였단다.

암베르성에는 특별한 볼거리가 있는데 가네샤 폴이라는 3층 건물이야. 왕의 공식 접견실과 왕족의 생활공간 사이에 있는 문인데, 힌두 신화에 나오는 가네샤라는 코끼리신의 이름을 땄다는구나. 가네샤는 인간의 몸에 코끼리 머리를 가진 신이야. 가네샤 폴의 입구는 세상에서 가장 아름다운 문이라는 찬사를 받을 만치 벽을 가득 채운 아름다운 그림과 세세한 조각이 있어. 내궁으로 들어서니 녹색의 정원이 눈앞에 갑자기 나타나서 다른 세상에 온 듯했어. 이슬람 문화의 영향을 받아 별 모양을 비롯한 기하학적 무늬로 꾸며진 정원에는 예쁜 꽃들이 가득 피었어.

여기서도 산꼭대기 궁전 곳곳에 물이 흐르는 수로를 내서 냉방 장치로 활용한 것은 놀라웠어. 게다가 초록의 정원을 만들고 분수

암베르성의 가네샤 폴

를 작동시킬 만큼 풍족하게 물을 썼으니 말이야.

암베르성에서 가장 아름다운 장소는 거울 궁전, 쉬시마할 궁전이야. 궁전 내부는 온통 반짝이는 거울과 색유리로 가득하단다. 천장에서 벽면까지 거울조각으로 꾸민 꽃무늬로 도배되었어. 캄캄한 밤에 촛불 한 자루만 켜도 그 빛이 반사되면서 방 전체를 환히 밝힌대. 거울조각은 다이아몬드 커팅 기술을 적용해 깎았기 때문에 보는 각도에 따라 그 화려함은 이루 말할 수 없어.

나올 때 가네샤 폴의 2층 조그만 창문으로 밖을 내다봤어. 궁궐에 갇힌 왕의 여인들은 창문을 통해 바깥세상을 구경하고, 전쟁터

에 나갔다 돌아오는 왕을 위해 이곳에서 꽃을 뿌렸대. 그녀들에게
새장 속 행복은 갑갑하지만, 어쩌면 고난 가득한 바깥세상에서 벗
어날 수 있는 피난처가 되었을 거야.

• 가네샤신의 머리는 왜 코끼리일까?

옛날에 가네샤 어머니인 파르바티가 목욕을 하고 있었대. 아들인 가
네샤는 어머니를 호위해 아무도 들어오지 못하게 막았지. 아버지이지만
엄청난 성적 에너지를 가져 파괴의 신이라 불리는 시바마저도 못 들어
오게 막은 거야. 그러자 시바가 몹시 화가 나서 아들인 가네샤의 머리를
잘라 버렸어. 목욕이 끝나고 이 사실을 알게 된 파르바티가 울면서 지나

암베르성 안 정원

가던 첫 번째 동물의 머리를 붙였는데 바로 코끼리였대. 그 후 가네샤는 장애물을 제거하고 지혜와 행운을 가져다주는 신이 되었어. 지금도 인도인은 사업을 할 때 상점이나 식당 입구에 가네샤 신상을 모신다고 해.

    암베르성을 출발해 물의 궁전이라 불리는 잘마할 앞에 잠시 머물렀어. 잘마할은 여름에 마하라자왕과 가족들이 머문 곳이야. 원래는 5층 건물인데 4층까지는 물에 잠겨 있어서 눈에 보이는 맨 윗부분이 실제로는 5층이야. 물론 원래부터 물 위에 지은 것은 아니었어. 도시에 물이 부족해 댐을 짓고 나니 자연스럽게 호수가 형성돼 궁전이 물에 갇히게 된 거지.

호수 주변은 이곳을 찾은 관광객과 이들을 대상으로 물건을 파는 상인들로 북적여. 눈길을 끄는 것은 즉석에서 밀가루로 반죽한 물고기 먹이를 파는 초췌한 여인이야. 하루 종일 팔아 봐야 얼마나 팔까 염려가 되리만치 노점 앞은 한산했거든. 찌든 때로 더러워진 누더기 옷을 입은 아이에게 허접한 음식을 먹이며 일하는 젊은 여인을 연민의 마음으로 자꾸 보게 되더구나.

바람의 궁전
하와마할

하와마할 궁전은 시내 중심가에 있는 5층짜리 궁전이야. 바람이 잘 통하는 격자형 창문이 많아 '바람의 궁전'이라고도 불러. 바람이 조금만 불어도 건물 전체가 통풍이 되도록 지었대. 특별한 점은, 기본적으로 5층짜리 건물을 짓고 다시 한쪽 벽면을 5층 높이로 더 쌓아올려 이중으로 외벽을 만든 거야. 바깥벽은 전망용 스크린인 셈이지. 궁전 안에서만 살아야 했던 왕실의 여인이 높이 쌓아 올린 벽에 뚫린 창을 통해서 시장과 민가의 활기를 구경했다는군. 실제 거주 용도보다는 일종의 전망대 역할을 하는 건물이라고 보면 돼. 성 밖에서는 내부를 볼 수 없고 안에서만 밖을 볼 수 있어.

15미터 궁전의 벽면에는 950개의 창문이 있어. 창문은 바깥세상을 보는 창이자 바람이 흐르는 통로야. 그 많은 창문으로 바람이 통하면서 건물 안의 뜨거운 열기를 식혀 주지. 화려한 겉모습과 달리 내부는 비었어. 1층에는 상가 점포가 빼곡해서 마치 주상복합 아파트 상가 같고, 궁전 주변은 사람과 자동차로 몹시 혼잡해.

하와마할의 아름다움을 보니 역설적으로 인도 여성의 인권을 생각하게 되더구나. 무수한 세월 동안 인도의 여성은 남성에 종속되었고 억압당하는 희생물이었어. 종교뿐 아니라 법률도 여성이 남성보다 열등한 존재라는 사실을 당연하게 여겼지. 심지어 문학작품에서도 현명한 여자는 남편에게 복종하는 착한 아내로 그려졌으니 말이야. 어디 인도뿐인가. 우리나라도 여성의 인권을 인정하게 된 것은 최근이야. 여성이든 남성이든 구별없이 존중받고 존중하며 살아야지.

바람의 궁전 하와마할

• 힌두 여성은 왜 이마에 빨간 점을 찍을까?

힌두교를 믿는 결혼한 여성은 이마 가운데 손톱만한 빨간 점인 '빈디'
을 찍어. 빨간 색은 임신과 출산에 관련된 월경의 의미를 담고 있지. 남
편이 죽으면 검은 점을 찍는데. 요즘은 장식용으로 꽃잎이나 다이아몬
드 모양의 빈디를 붙이는데 종교적 의미는 크게 부여하지 않아. 남성도
이마에 점을 찍는데 '띨락'이라고 해. 힌두교에서 뿌자 의식을 할 때는
꼭 찍어. 외국인도 힌두 사원에 가거나 호텔에 체크인하면 환영의 뜻으
로 빈디를 찍어 주기도 한단다. 빨간 빈디는 생명을 의미하고 악을 막고
복을 가져다준다고 하지.

• 다우리가 없으면 결혼을 못 할까?

인도에서는 연애결혼보다 카스트에 맞춰서 중매결혼을 많이 해. 다우
리는 신부가 결혼하면서 신랑과 시댁 식구에게 건네는 지참금과 혼수
같은 거야. 신랑 집안이 다우리에 대해 만족하느냐 그렇지 못한가에 따
라 신부의 운명이 좌지우지돼. 결혼할 때만이 아니라 시댁에서 요구하
면 결혼 후에도 몇 번에 걸쳐 더 보내야 해. 돈이나 소, 가전제품, 오토바
이, 자동차를 보낸다. 신부의 아버지가 경제적으로 감당하지 못하면
오빠가 대신 짐을 져야 해. 가난한 집에서 딸이 태어난다는 것은 큰 걱정
거리야.

물론 재산이 많은 사람은 다우리를 딸에게 재산을 증여하는 수단으로

활용해. 하지만 가난한 신부는 시댁에서 학대받거나 남편의 폭력을 견딜 수 없어서 자살하기도 하지. 더 심각하게는 다우리를 또 받기 위해 신부를 자살이나 사고로 위장해 죽이는 경우도 많아. 결혼을 안 하면 되지 않느냐고? 인도의 사회 관습상 결혼을 안 하면 어른으로 인정하지 않고 불완전한 인격체로 취급하거든.

인도의 천문대
잔타르 만타르

하와마할을 지나 천문대 잔타르 만타르에 들어갔어. 잔타르 만타르는 '마법의 장치'라는 뜻이야. 잔타르 만타르는 자이푸르를 지배했던 자이 싱 2세가 1728년부터 1734년까지 7년에 걸쳐 세웠어. 자이 싱 2세는 왕이면서 수학자이자 천문학자였지. 그는 인도에서

잔타르 만타르 천문대

가장 훌륭한 천문대를 세웠어. 인도에 있는 천문대 중 잔타르 만타르 천문대가 가장 정확도가 높았대.

이곳엔 별이나 행성의 움직임을 관찰하기 위한 거대한 천문기구와, 하늘에서 별자리를 쉽게 찾을 수 있는 조형물이 있어. 북극성의 위치를 알아보는 기구도 많더라고. 옛날 인도 천문학자는 맨눈으로 하늘을 보면서 시간을 계산하고, 일식이나 월식 같은 천체 변화를 연구했으니 참 놀라운 일이야.

이 천문대에서 인상적인 것은 세계에서 가장 큰 해시계인 삼라트 얀트라야. 최대 4미터까지 움직이는 큰 바늘이 달려 있지. 이 해시계는 앞면은 오전, 뒷면은 오후에 시간을 알려주도록 설계되었는데, 해의 그림자에 따라 시간이 정확히 표시돼. 국제표준 GMT에 표시된 시간과 현재 시간은 조금 차이가 나는데 갔던 날은 19분 차이가 났어. 이런 놀라운 광경을 보기 위해 수많은 여행객이 줄을 서.

천문대에서는 북을 치거나 대포를 쏘아 자이푸르 시민에게 시간을 알려 주는 관습을 오랫동안 지켜 왔대. 바람과 비를 예고하고 우기와 건기를 알려 주었지. 천문대는 시간을 통제하고 합리적으로 미래를 예측을 하는 데 도움을 주었어. 인도인은 최초로 '0'의 개념을 발견했어. 수학에 빼어난 능력을 가진 이들이 만든 잔타르 만타르 천문대는 2010년 세계 문화유산에 등재되었단다.

자이푸르의 상징
시티팰리스

천문대를 나오면 곡식을 파는 노점상이 즐비해서인지 비둘기 떼가 많아. 잠깐 걸으면 시티팰리스가 보여. 자이푸르 중심부에 위치한 시티팰리스는 자이푸르의 상징이기도 해.

1876년 자이푸르를 통치하던 사와이 람 싱 1세는 영국의 웨일스왕자가 방문한다는 연락을 받았어. 웨일스 왕자는 후에 영국의 국왕이 되는 에드워드 7세야. 사와이 람 싱 1세는 인도를 직접 통치하겠다고 발표한 강대국 왕자의 마음을 어떻게 기쁘게 해 줄 것인가 고민했지. 우중충한 도시 분위기를 새롭고 산뜻하게 바꾸기 위해 페인트업자에게 낡은 도시를 아름답게 해 달라고 부탁했어. 당시는 지금처럼 갖가지 색깔의 페인트를 구하기가 쉽지 않았을 거

핑크시티 입구

시티팰리스의 왕실 접견실에 있는 거대한 은항아리

야. 마침 건물을 칠하고 남을 만큼의 핑크색 페인트를 가지고 있던 페인트업자는 건물 벽을 모조리 핑크색으로 칠해 버렸지 뭐야. 사와이 람 싱 1세는 화가 머리끝까지 났지만 어쩔 수 없었지.

그러나 웨일즈 왕자는 온통 핑크색으로 물든 자이푸르를 보고 '정말 아름다운 도시'라며 기뻐했어. 전화위복이 된 거지. 그 후로 핑크색은 환영의 의미를 담게 되었고, 현재는 건물 외부를 핑크색으로 유지하도록 법으로 정해서 핑크시티의 명성을 이어가고 있단다.

시티팰리스는 무굴 양식과 라자스탄 양식을 더한 독특한 분위기야. 약간 주홍색인데 햇빛이 비치면 더 밝고 환한 핑크빛이 돼. 시티팰리스에도 왕의 접견실인 디와니카스가 있는데 거기에는 화려한 샹들리에가 있어. 거대한 은항아리도 있지. 시티팰리스 대리석 건물 곳곳에 새겨 놓은 조각은 섬세하더구나. 갖가지 색유리로 만든 모자이크는 휘황찬란해서 눈이 부실 정도야. 왕비의 방인 마낙

마할은 빨강·분홍·파랑·초록 색유리로 꾸며 놓았어. 벽면에 색유리로 실물처럼 튀어나오게 한 공작새 모자이크는 아름다웠어. 아주 귀한 유물로 여겨 손상되지 않도록 유리관을 씌워 놓았단다.

특히 라자스탄 양식의 세밀화가 가득 찬 크리슈나 빌라스는 쿠마리 공주가 생활하던 방이야. 공주는 미모가 빼어나 조드푸르와 자이푸르 왕으로부터 동시에 청혼을 받았대. 이 때문에 아버지의 입장이 난처해지자 공주는 스스로 목숨을 끊어서 나라를 구했다고 해. 나라의 운명을 위해 자신의 생명을 포기하기까지 공주가 느꼈

찬드라마할로 이어지는 네 개의 문 중, 가을을 상징하는 공작새 문

을 고통을 생각하니 너무 안타까워.

인도의 지방 군주를 마하라자라고 불러. 지금도 마하라자의 후손이 살고 있는 찬드라마할 궁전으로 가는 길 광장에는 동서남북으로 연결하는 문이 있어. 힌두신에게 봉헌한 네 개의 작은 문은 굉장히 아름다웠어. 네 개의 문은 사계절을 상징하는데 연두색 물결의 문은 봄, 연꽃의 문은 여름, 공작새 문은 가을, 장미는 겨울을 의미해. 공작새는 인도를 대표하는 국조야. 그래서일까 근처에서 공작새 공예품을 많이 팔고 있더구나.

복식박물관

시티팰리스에 입구 직물전시관에서 옛 왕실의 주인공이 사용했던 물건을 관람했어. 금실로 짠 왕과 왕비의 옷, 화려하고 정교한 문양으로 각양각색인 직물, 100퍼센트 금실인 왕비의 숄, 왕비의 결혼식 예복, 한 땀 한 땀 수를 놓은 수제 침대커버와 베개, 여러 색이 조화로운 조각보 등이 있어. 다른 왕실 물건들보다 색채가 더 화려하고 선명해. 촬영이 금지되어서 색채를 담지 못해 안타까웠지. 카메라 불빛에 노출되면 옷감이 상하니 촬영을 막았을 거야.

현재도 왕실의 후손이 이곳에서 살며 시티팰리스의 입장료 수입을 가져가고 있대. 영국의 식민지 지배를 받을 당시에도 격렬한 저항 대신 적당히 타협하며 부와 명예와 그리고 화려한 시티팰리스 공간을 지켜냈을 거야. 나오면서 보니 결혼식 파티 준비가 한창이었어. 우리 아이돌 그룹의 공연장을 연상케 하는 규모의 무대에서 음향과 조명 장치를 설치하느라 분주했지. 길거리에 구걸하는 걸인이 넘치는데 호화롭고 사치스런 결혼식 파티를 일주일 내내 하는 부자들도 있다니 씁쓸했어.

시티팰리스를 나오다 피리 부는 아저씨의 가락에 맞춰 머리를 내밀고 흔드는 코브라를 보았어. 아라비안나이트의 한 장면이 눈앞에서 펼쳐져서 사진이라도 한 컷 찍어 두려는 순간, 아저씨는 돈을 요구했고 코브라도 바구니 속으로 쏙 들어가는 거야. 처음엔 당황했는데, 생각해 보니 마땅히 돈을 지불하고 사진을 찍었어야 했어. 그들은 거리의 공연 예술가였어. 그들의 직업을 인정하고 보상하는 게 당연했는데, 뒤늦게야 깨닫는구나.

다채롭고 복잡한 자이푸르의 핑크빛 구시가지는 자이푸르의 화려하던 시절을 가늠케 했어. 오늘날에도 여전히 핑크빛으로 남아서 여행자의 발길이 닿고 있는 자이푸르. 그곳에서 만난 인도의 화려한 색감을 잊을 수 없구나.

• 마호 싱 2세는 왜 은항아리를 영국에 가져갔을까?

마호 싱 2세는 1902년 영국 왕세자 에드워드 7세의 대관식에 초대받 앉아. 힌두인이 바다를 건너면 자신의 카스트를 잃는다는 믿음이 있었기에 마호 싱 2세는 가야 하나 말아야 하나 고민이 컸지. 그러다 그는 방법을 찾았는데 종교적 신념을 지킬 갠지스강 물을 담아가는 거였어. "정통 힌두인으로 어떻게 더러운 영국의 물을 마시겠는가? 나는 성스러운 갠지스강의 물만 먹겠다"고 했지. 결국 인도를 벗어나더라도 카스트의 신성함을 지키기 위해 88리터의 물을 담을 수 있는 은항아리를 가져간 거야. 인도인은 청정과 부정에도 예민해. 흙으로 만든 그릇은 한 번 쓰면 오염된 것으로 취급해서 금속으로 만든 그릇을 좋아하지. 세상에서 가장 큰 은제품인 마호싱 2세의 은항아리는 기네스북에도 올랐어.

• **빈부격차가 심한 인도에서 최고 부자는 어떻게 살고 있을까?**

인도에서 가장 존경받는 기업은 타타그룹이야. 사훈이 '선한 생각, 선한 말, 선한 행동'이래. 해마다 교육과 문화 사업, 그리고 병원 등에 1억 달러 이상을 기부하는 기업으로도 유명해. 타타그룹의 창업자 잠셋지 타타의 유언에 따라 건립한 인도과학대학은 전직 대통령을 비롯해 많은 인재를 배출하고 있어. 타타제철이 있는 잠셰드푸르란 도시는 타타그룹에서 물과 전기를 100퍼센트 공급하기 때문에 인도에서 가장 살기 좋다고 평가받아.

최근 인도 1위 부자는 릴라이언스 인더스트리라는 기업을 운영하는 무케시 암바니야. 순자산만 2019년 기준 58조라고 하더라고. 인도 최고의 스포츠 크리켓팀 뭄바이 인디언스의 구단주고 에너지·석유화학·섬유·천연자원·도소매·통신업에서 많은 수익을 올리고 있어. 1만 평이 넘는 땅에 지은 27층 높이의 대저택에는 방이 6,000개이고 저택 안에 가족을 위한 병원, 50석 규모의 극장, 헬스장, 수영장과 온갖 편의시설이 있대. 가족이 몇 명이냐고? 여섯 명인데 이들을 위해 600명의 직원이 일한대. 아내를 위해 생일선물로 22인승 최고급 비행기를 사 주었다는구나. 또 락시미 미탈이라는 부자는 딸 결혼식 축하연을 프랑스 파리에 있는 베르사이유 궁전에서 5일간 치렀대. 결혼식에 들어간 총 비용은 현재 가치로 환산하면 740억 원 정도라네.

전체 인구의 80퍼센트가 힌두교를 믿는 인도에서는 빈부격차가 심한데도 부자에 대한 반감이나 상대적 박탈감은 덜 느끼나 봐. 그 이유는 종교 때문이야. 힌두교의 윤회사상은 현세의 가난과 고통이 전생의 카르마(업) 때문이라고 가르쳐. 반대로 현세에서 부와 명예를 누리고 사는 사람은 전생에서 그만큼 모범적이고 영적인 삶을 살았다고 생각한대.

자이푸르에서
델리 가는 길

자이푸르의 핑크시티를 벗어나 델리로 가기 위해 다시 버스에 올랐어. 델리까지는 버스로 6시간 정도 걸려. 운전기사는 주황색 터번을 두른 시크교도였는데 운전을 참 잘했어. 요리조리 적절하게 끼어들면서 경적을 크게 울리지 않고 안정감을 줬지. 빨간색 와이셔츠를 입은 조수는 혼잡한 지정체 구간에 내려 다른 버스나 트럭 기사들과 손짓으로 소통하며 길을 냈어. 운전기사 옆에 그냥 앉아 있는 줄만 알았는데 요소요소에서 제 몫의 일을 하더구나. 델리로 진입하는 외곽도로는 무척 혼잡해. 10차선 도로에는 트럭, 승용차, 오토바이가 가득해. 그 와중에도 역주행을 하거나 무단횡단을 하는 사람들까지 있어 아슬아슬하지. 도로 위에는 수많은 양 떼가 초원을 걷듯 무리지어 가기도 해. 인도의 역동성과 여유가 느껴졌어.

저녁 7시가 넘어 숙소에 도착했어. 식당에서 고춧가루를 넣어 쌀국수를 먹었는데 잔치국수 맛이 나면서 기운이 나더구나. 신기한 것은 후식으로 아이스크림을 만들어 주는 모습이었지. 네모난 넓은 철판 위에 아이스크림 재료와 견과류를 올려놓고 밀가루 전을 부치듯이 둥글게 펴더니 다시 주걱으로 돌돌 말았어. 철판은 아이스링크처럼 재료를 냉동상태로 만들어 주는 장치였어. 색다른 아이디어가 특별한 아이스크림을 만들어 내더구나.

남인도 데칸고원

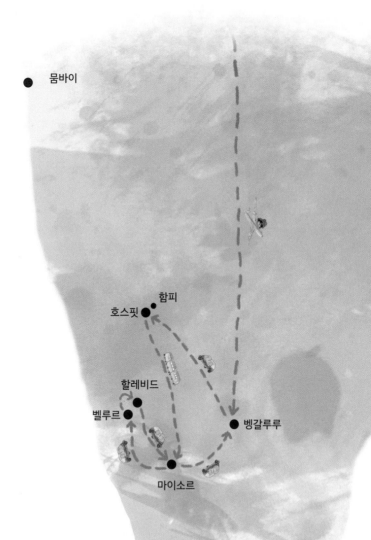

뭄바이

함피
호스핏

할레비드
벨루르
벵갈루루

마이소르

놓치고 만
뭄바이Mumbai

북인도를 여행한 2년 뒤 다시 인도로 향했어. 이번엔 남인도야. 광활한 인도에 대한 관심과 호기심이 마르지 않았기 때문이지. 여행하다 보면 보고 듣는 것이 많아서 더 나은 내가 될 수 있잖아.

2020년 1월 7일, 인천공항에서 다시 델리로 가기 위해 들뜬 마음으로 비행기에 탑승할 시간을 기다렸어. 오전 11시 20분, 비행기 타는 시간이 지연되면서 항공사에서 점심 식권을 나눠 줄 때만 해도 괜찮았지. 그런데 오후 2시가 지나도 계속 지연되니까 인도에 가도 뭄바이행 비행기 환승을 못할 수 있겠다는 불안감이 스멀스멀 밀려왔어. 그런 예상은 빗나가지 않고 꼭 맞더라.

오후 4시, 에어인디아 항공기 기체 결함으로 비행기가 뜨지 못한다는 방송이 나왔어. TV 뉴스에서나 접하던 상황이 나에게 생긴 거야. 당황스럽지만 어쩔 수 없지. 항공사 직원은 초비상 상태였고 면세품 구입자는 취소하거나 반품하는 사태가 벌어졌어. 비행기가 뜨지 못하니 실은 물건을 다 빼야 했거든. 어떤 남자 승객이 화를 내며 거칠게 소리를 지르더라. 무슨 일인가 했는데 사연을 알고 나니 이해가 되더구나. 출장길에 공항면세점에서 구두를 사서 2시간 가까이 신고 다녔는데, 신고 있던 새 구두를 면세점 직원이 와서 벗겨 간 거야. 헌 구두는 이미 버렸기에 맨발이 된 거지. 항공사에 항의하면서 임시로 신을 신발을 갖다 달라고 한 거였어.

그런데 놀라운 것은 함께 기다리던 인도인들은 아무도 항의하지 않는 거야. 에어인디아는 인도를 대표하는 국영 항공사인데 기체 결함으로 항공기가 뜨지 못한 것은 19년만에 처음이래. 출국 절차까지 마친 별스런 상황이라 항공사에서 붙여 준 빨간 스티커를 붙이고 나갔다가 다시 입국하는 식으로 짐을 찾아야만 했어.

오후 4시 25분, 항공사에서 마련한 버스를 타고 공항 옆 호텔로 이동했어. 대체 항공편이 준비될 때까지 하룻밤을 지내야 했지. 가족 승객을 제외하고 200명에 가까운 승객에게 1인 1실로 방을 제공했어. 물론 식사도 호텔에서 먹을 수 있었어. 비용은 모두 항공사가 부담했어. 실패한 여행이 성공한 여행이라고 누가 그랬던가. 시작부터 재밌고 특별한 경험이었어. 여행을 떠나기 전에 급히 마무리할 일이 많아서 쉴 틈이 없었는데 잠시 여유가 생긴 걸 색다른 선물이라 여기기로 했지. 잠을 청했지만 그래도 내일 비행기가 순조롭게 뜰 수 있을까? 꼬이는 다음 일정을 어떻게 해야 하나? 쉽게 잠들지 못했단다.

다음날, 호텔 로비에 델리행 항공기가 오전 11시 45분에 출발한다는 안내문이 붙었어. 아침을 먹고 다시 공항으로 나갔지. 오전 11시 20분에 비행기에 탔는데 또 늦어지는 거야. 오후 1시에 이륙해서 9시간 만에 델리에 도착했지만 뭄바이행 비행기는 탈 수 없었어. 인천공항에서도 2시간 가량 출발이 늦은 데다 난기류로 또 2시간 지연되어 도착하니 시간을 맞출 수 없었지. 선택의 여지가 없었어. 이미 예약해 놓은 다음 일정과 관계된 숙소와 교통편까지 줄줄이 취소할 수는 없어서 뭄바이를 포기했지. 남인도 여행의 첫 방문 도시로 계획했던 뭄바이행이 물거품 되면서 벵갈루루로 행선지를 바꾸기로 했어. 그런데 또 인도의 국내선 환승 시간이 촉박해서 초조했어. 벵갈루루행 비행기마저 놓치면 안 되기에 이리 뛰고 저리 뛰었는데 항공사 직원은 기다리라고만 하고 비행기 티켓을 안 주는 거야. 다른 승객은 탑승구로 들어가는데 무슨 영문인지도 모르면서 따로 줄을 서 있어야 하니 등줄기가 뻣뻣해지고 입 안이 바짝바짝 타 들어갔어.

인도 청년
라즈니쉬

드디어 밤 12시 25분에 벵갈루루행 비행기에 탔어. 비행기 안에서 어린이용 인도 만화영화를 봤지. 역사 속 인물 이야기가 재미있었어. 뜻은 다 몰라도 그림을 보면 대충 이해가 됐으니까. 그런데 뒷자리에 앉은 인도 청년이 인도의 불교 유적지로 성지순례를 떠나는 한국 스님들을 안내하고 있더라. 한국말을 어찌나 잘하는지 깜짝 놀랐어. 영화를 보다가 뭔가 모르면 그에게 가서 물어보았지. 그는 인도의 문화나 영국 식민지 당시의 친영파 인물과 이승만 대통령과 비교하면서 정치적인 문제까지 쉽게 설명해 줬어. 그리고 비행기가 결항되었을 때 왜 인도인은 항의하는 사람이 없었을까 궁금했다고 하니까 이렇게 한국말로 말했어. "인도 사람, 뭐 잘 안되었다고 항의하지 않아요. 언젠가 오겠지 생각하고 모든 것은 운명이다, 신이 하시는 일이다, 생각해요. 아무 문제없어요."

한국어는 언제 배웠냐고 물어보니까 한국에서 배웠대. 1980년대는 인도에서 일본산 제품이 최고로 손꼽혔는데 1990년대는 어디서나 한국산 제품이 인기였대. 2007년 대학을 졸업하고 나니 한국의 자동차, 가전제품, 휴대폰 생산 기술이 아주 높더라는 거야. 그래서 한국 경제에 대해 관심을 가졌고, 스물여섯 살이 되던 2011년

서울대학교 어학원에서 한국어를 배우고 학부 과정에서 경제학을 공부했대. 태권도도 잘해서 외국인을 위한 태권도 체험 활성화 프로그램에도 참여하고 대학에서 일하기도 했대. 내가 강릉에서 왔다고 하니까 얼마 전 삼척과 강릉 오죽헌에도 다녀왔다고 했어. 이율곡과 신사임당을 알고 있다면서 일만 원과 오만 원 화폐의 주인공인이라고 하더군. 마지막으로 현재 인도 청년들은 과거 인도를 식민 지배했던 영국을 어떻게 생각하냐고 물어보았어.

"한국인이 일본의 지배에 갖는 감정과 달리 인도인들은 영국에 대한 혐오감은 없어요. 영국은 인도에 도로와 철도를 놓고 교육이나 행정 등 모든 것에 영향을 주었죠. 유럽 문화가 들어와서 좋아진 것도 있다고 생각해요. 과거에는 글을 모르는 사람도 많았고 인터넷도 없어서 몰랐지만, 지금은 교육받은 사람도 많아져서 요즘 젊은이들 중에는 영국과의 역사를 새롭게 보는 사람도 늘고 있어요."

똑똑하면서도 선한 인상인 그가 아주 마음에 들어서 물어보니, 서른다섯이고 라즈니쉬라고 했어. 물음에 답해 줘서 고맙다고 했더니 오히려 인도에 관심을 가져 줘서 고맙대. 한국과 인도를 오가며 그가 하는 일들이 모두 잘 되기를 응원했어.

중간에 쌀밥을 달콤한 연유에 넣어 푹 퍼지게 한 음식과 플레인 요구르트가 기내식으로 나왔어. 식사를 하고 한잠 자고 났더니 뱅갈루루 도착 안내 방송이 나오는 거야. 델리에서 뱅갈루루까지는 4

시간 정도 걸렸더구나.

남인도 여행을 시작하면서 뭄바이를 놓쳐 속상했는데 비행기 안에서 라즈니쉬를 만나 인도를 좀 더 깊게 알게 되어 참 좋았단다. 여행은 공간을 발견하는 것뿐만 아니라 사람을 만나는 것이라고 다시금 생각했어.

가고 싶었지만 가지 못한 뭄바이가 어떤 곳인지 들려줄게. 뭄바이는 인도 제1의 경제도시야. 지나온 역사와 성장의 그늘을 그대로 보여 주는 곳이지. 영국이 식민지 시절 남긴 유럽풍 건축물도 있고, 아주 오래된 힌두교 석굴 사원과 머리가 셋 달린 시바상도 만날 수 있는 엘리펀트섬도 있어. 아라비아해를 바라보며 서 있는 게이트웨이오브인디아Gateway of India는 영국 정부가 본격적으로 통치를 시작한 조지 5세의 방문을 기념해 지은 거야. 그런데 이 문으로 1948년 마지막 영국군 부대도 총독과 함께 떠났단다. 식민지 역사의 시작과 끝을 지켜본 역사적인 문이지. 영국이 인도에 지은 최초의 기차역인 차트라파티 쉬바지역(일명 빅토리아역)은 웅장한 빅토리아 고딕 양식인데 지금은 세계 문화유산에 올라 있어. 그리고 세계에서 가장 큰 빨래터인 도비가트에는 불가촉천민 사람들이 하루 종일 손으로 빨래를 하지. 인도의 최고 호텔인 타지마할이 있는 곳도 뭄바이야.

뭄바이를 배경으로 한 대표 영화로는 〈슬럼독 밀리어네어〉와

〈호텔 뭄바이〉가 있어. 어린 시절 모든 것을 잃은 빈민가 소년 자말이 퀴즈쇼에 출연해 엄청난 상금을 받게 된 이야기를 다룬 〈슬럼독 밀리어네어〉는 인도가 처한 사회 현실을 보여 줘. 〈호텔 뭄바이〉는 타지마할호텔을 배경으로 인도에서 일어난 최악의 테러 사건을 영화화했단다. 또 하나, 구글어스로 잃어버린 가족과 집을 찾은 인도 청년의 실화를 다룬 영화 〈라이언〉도 생각나는구나. 형을 기다리다 기차에서 깜빡 잠들어 버린 다섯 살 사루는 집에서 수천 킬로미터 떨어진 곳에서 눈을 뜨게 되는데, 그곳이 바로 뭄바이였거든. 비행기 결항으로 뭄바이에 가지 못했지만 영화와 책을 통한 간접 경험으로 아쉬움을 달래며 마음으로나마 뭄바이를 여행했단다.

뭄바이로 가지 못한 뒤 벵갈루루행 비행기를 탔어. 함피로 가기 위해서야. 함피는 아주 작은 마을이라 기차나 공영버스가 없어. 그래서 함피와 12.5킬로미터 떨어진 호스핏으로 먼저 가야 해. 벵갈루루에서 버스를 타고 북쪽으로 7시간 달려가면 호스핏이야. 그런데 남부의 모습은 북인도와 달랐어. 지저분하게 널린 쓰레기도 덜 보이고 시끄러운 경적 소리도 덜했고 주택도 깔끔했거든.

차창 밖 풍경은 긴 시간 동안 눈을 즐겁게 해 줬어. 소박한 농촌 마을은 호기심을 자극하고, 길가 노점에 바나나와 달걀을 담은 바구니를 주렁주렁 매달아 놓은 모습도 인상 깊었지. 풍경을 즐기다 긴장이 풀려 호스핏에 도착한 저녁 때까지 달콤한 잠에 빠졌단다.

바위로 둘러싸인
함피Hampi

호스핏에서 아침식사는 숙소에 딸린 레스토랑에서 도사를 먹었
어. 도사는 쌀과 병아리콩을 갈아 만든 묽은 반죽을 넓은 철판에서
바삭하게 구운 다음, 감자와 야채 다진 것을 넣어 감싼 것인데, 뜯
어서 소스에 찍어 먹으면 돼. 부침개 같은 것으로 남인도 지역의 주
식이야. 마살라 향신료를 넣으면 마살라 도사, 양파를 넣으면 어니
언 도사, 코코넛을 넣으면 코코넛 도사가 된단다. 호스핏에서는 식

도사

당 간판을 호텔로 표기한 게 특이했어.

함피행 버스를 타려고 숙소에서 400미터 떨어진 버스 터미널까지 걸었어. 교복을 입고 학교에 가는 아이들을 볼 수 있었지. 버스 정류장엔 어디론가 떠나기 위해 버스를 기다리는 사람들로 활기가 넘치더구나. 버스 앞자리에 앉아 호기심을 갖고 좌우를 살폈지. 인도에서 자동차의 운전석은 우리나라와는 다르게 오른쪽에 있어. 버스를 타고 내릴 때는 왼쪽 문을 이용한단다. 버스에 탄 직원이 일일이 요금을 받고 즉석에서 영수증을 끊어 줘.

함피가 가까워질수록 사방으로 흩어진 돌산이 보여. 함피는 한때 남인도를 지배하던 비자야나가르 왕조의 수도였어. 이슬람 왕국의 침략을 받아 멸망했는데 폐허로 남은 흔적만으로도 당시의 번영을 짐작할 수 있지. 폐허지만 거대한 화강암 바위들이 산을 이루고 돌덩어리가 금방이라도 무너질 듯 위태롭게 사방에 쌓여 있어. 수만 년 전 화산활동과 지각변동으로 만들어진 기이한 모양은 너무나 독특하단다.

세계 문화유산인
빗딸라 사원과 아름다운 일몰

함피에서 제일 먼저 비루팍샤 사원을 찾았어. 56미터 높이의 사원 벽에는 섬세한 조각 장식이 있어. 힌두교 사원이라 신발을 벗고 들어가야 해. 햇살이 쏟아지는 돌바닥을 걸으니 따끈하고 지압이 되는 듯 시원하더구나.

사원 경내에서 사진을 찍으려면 따로 10루피(약 170원)를 더 내야 해. 사원에 코끼리를 키우는데 코끼리 코에 돈을 놓으면 머리 위로 묵직한 코를 얹어 축복해 줘. 코끼리를 신성하게 여기는 힌두교 순례자들이 코끼리가 잘 보이는 자리를 차지하려고 해서 입구가 혼잡했어. 또 원숭이들은 어찌나 들고뛰는지, 조심해야 해. 손에 든 물건을 가리지 않고 순간 빼앗아 가거든. 특히 휴대폰 조심!

유네스코 세계 문화유산인 빗딸라 사원에도 갔어. 사원이 건설 중에 망해서 비자야나가르 왕조 최후의 사원이 되고 말았지. 함피

빗딸라 사원의 가루다 전차

의 유적이 대부분 파괴되었지만 빗딸라 사원은 그나마 원형이 보존되었어. 최상의 볼거리는 사원 안뜰에 있는 돌로 만든 전차야. 비슈누신이 타고 다니던 가루다(독수리)를 모신 전차는 차축과 바퀴까지 모두 돌로 만들어졌는데 실제로 굴러갈 수 있대. 16세기 비자야나가르 왕조 시대의 장인은 돌을 다루는 솜씨가 진흙을 빚듯 정교했다는 것을 알 수 있어. 그뿐 아냐. 사원 본당으로 가는 길목에는 뮤직필라라고 부르는 56개의 돌기둥이 있는데 두드리면 기둥마다 다른 음색으로 소리가 난대. 돌기둥 속이 비어 있다는 의미지. 지금은 훼손을 우려해 두드리지 못 하게 해. 하지만 까만 돌에 새긴 장식의 정교함과 세련된 아름다움은 얼마든지 감상할 수 있단다.

빗딸라 사원을 보기 위해 현장 학습을 나온 학생들

현장학습을 나왔는지 학생들이 많아서 활기 있었어.

근처에 있는 퉁가바드라강까지 걸었어. 이 지역도 힌두교 사원이라 순례객이 강에 몸을 담그고 의식을 치르는 모습을 쉽게 볼 수 있어. 강 옆에 사탕수수를 잘라 즙을 내서 파는 상인을 만났어. 사탕수수를 줄기째 씹어 보니까 나무토막처럼 단단해서 잘 안 씹혀. 그렇지만 즙은 정말 달콤했단다.

아츄타라야 사원으로 가는 길은 다른 유적지와는 뚝 떨어진 곳이라 한적해. 길게 늘어선 돌기둥의 행렬과 로마의 전차부대가 지나갔을 법한 광장도 인상 깊지. 과거에 이곳은 최고의 시장이었대. 지금은 쓸쓸한 유적으로 남은 모습을 보니 영원한 부귀영화는 없는 것 같아.

아츄타라야 사원 둘레를 걷다가 아프리카의 악기 봉고처럼 생긴 식물뿌리를 봤어. 처음엔 기둥 모양으로 생긴 치즈인가 했어. 얇게 치즈를 자르듯 잘라서 팔거든. 알고 보니 스리람룻이라는 나무의 뿌리인데 먹으면 소화가 잘되고 감기도 예방하고 당을 떨어뜨린다고 광고판에 써 놓았더구나.

함피의 한낮은 너무 더워. 걷다 보니 힘이 들어 가슴이 답답해지더구나. 무더위도 피할 겸 점심을 먹기 위해 레스토랑 망고트리를 찾았지. 25년도 넘은 함피를 대표하는 식당이야. 등받이가 있는 푹신한 바닥에 앉아 탈리와 망고를 넣은 요거트 음료 라씨를 먹고 쉬었어. 망고트리 옆은 힌두교 사원인데 순례객으로 붐볐고 그 앞에는 소들도 둘러서서 먹고 있더구나. 소 등에는 낙타처럼 혹이 달렸어. 병이 난 것은 아니고 지방이 들어 있대.

함피 마을의 골목길을 걸었어. 골목에는 아이들 웃음소리, 빨래하고 설거지하는 여인의 부지런한 손놀림, 하루를 마무리하며 골목길을 청소하는 할아버지가 있었어. 어린 시절의 시골 풍경처럼 순박해서 좋았단다. 특이한 것은 집집마다 그려진 대문 앞의 독특한 문양의 그림이었어. 이 그림을 '꼴람'이라고 한대.

해가 지기 전에 서둘러 헤마쿠타힐과 마탕가힐을 다녀왔어. 두 곳 다 함피의 전경을 파노라마처럼 볼 수 있는 높은 바위언덕이야. 헤마쿠타힐 쪽은 더 높고 경사가 져서 올라갈 때 힘이 드는데 멋진 풍경을 볼 수 있지. 거대한 넙적바위 위에 올라앉으니 온몸을 휘감는 시원한 바람에 온갖 시름이 사라진 듯 평온했거든.

마탕가힐은 60미터 높이인데 노을이 보기 좋아. 하늘을 연분홍색으로 물들인 붉은 햇덩어리가 산 밑으로 푹 빠질 때는 정말 멋져. 평평한 암반 위에 벌렁 누웠지. 아직 햇볕의 온기가 남아 있는 바위가 피곤했던 하루를 위로해 주듯 따뜻하더구나. 그냥 감사했어.

다시 호스핏 숙소로 되돌아가는 버스를 타러 공용 정류장으로 갔지. 하지만 버스를 타는 것은 불가능했어. 다음날 있을 축제를 위해 현지 경찰 수천 명이 함피 바자르 광장에서 모임을 끝내고 집으로 돌아가는 퇴근길과 겹쳤거든.
어쩌다 버스가 오면 기다리
던 사람들은 지붕 위에까지 올
라갈 기세였지. 할 수 없이 오
토릭샤를 탔어. 호스핏까지는
40분 정도 걸리는데 240루피
(약 4,300원)를 냈어. 숙소에 도
착하니까 하루를 잘 마쳤다는
생각에 안도했단다.

호텔 앞 꼴람

• 행운을 부르는 그림 '꼴람'에 담긴 지혜는 뭘까?

남인도에서 자주 보는 대중적인 그림은 꼴람이야. 쌀가루와 색소, 소
의 배설물까지 섞어 점이나 선으로 문양을 그리지. 보통 가정집의 문 앞
에 그려 놓는데, 집 안으로 들어오는 악한 기운은 막고, 행운은 들어오게
한다고 해. 꼴람의 쓸모는 이런 기원에 머물지 않아. 예쁜 그림은 그 장
식적인 효과로 집의 아름다움을 더해 주지. 또한 개미나 벌레가 꼴람을
그린 원재료들을 먹느라 집으로 들어오지 못 하게 하는 지혜도 숨어 있
어. 화려한 색의 꼴람은 호텔이나 레스토랑, 성당 앞에서 자주 볼 수 있
고, 일반 가정집 앞에는 소박한 하얀색의 꼴람이 많아. 꼴람을 일일이 그
리기 어려운 사람들을 위해 패턴 문양을 만들어 팔기도 한단다.

비자야나가르 왕조의 흔적

다시 아침이 시작되고 전날 보지 못한 비자야나가르 왕조의 궁궐과 사원 유적지를 둘러보기 위해 함피로 갔단다. 유적군이 1킬로미터 반경으로 흩어져 있어서 투어를 도와줄 오토릭샤를 불렀어. 하루 종일 운전하며 함피에서 호스핏까지 유적지들을 두루 들리는데 운전자가 받는 일당은 2,000루피(약 24,000원)야. 현지 물가로 결코 적은 돈은 아니지.

오토릭샤 운전자 '라미'는 30대로 보였는데 소아마비 장애가 있어 목발을 짚었어. 차량을 멈추었다 다시 시동을 걸 때 라미는 불편한 왼손에 온 힘을 쏟았어. 온전하지 않은 몸으로 자신과 가족의 삶을 책임지기 위해 애쓰는 것 같아 애틋했어.

함피로 가는 길에 사탕수수를 실은 마차와 양 떼를 만났어. 달리는 화물트럭과 나란히 이동하는 양 떼의 풍경은 목가적이지만 위험해 보였지. 라미가 제일 먼저 데려다준 곳은 사탕수수 가공 공장이었어. 사탕수수를 분쇄해 즙을 낸 다음 끓여서 만든 설탕을 벽돌처럼 굳혀 쌓아 둔 모습은 신기했단다.

비자야나가르 왕조 최후의 궁터 로터스마할 로열 구역을 찾았지. 야외박물관이라 할 정도로 곳곳에 유적이 흔해. 이곳에 학생들이 많은 이유를 알겠더구나. 600년 전 남인도를 지배하던 마지막 힌두 왕조의 유적을 살피면서 아이들도 흥망성쇠의 순간들을 엿봤을 거야. 유네스코 세계 문화유산으로 지정된 이곳은 인도의 대서사시 〈라마야나〉를 묘사한 조각이 화려해. 지하사원인 언더그라운드 시바 사원은 우기가 되면 잠길 것 같았어. 왜 사원을 지하에 지었을까? 아마도 무더운 날씨를 피해 기도하기 좋아서였을 거야. 돌로 지은 사원이라 수백 년이 지나도 썩지도 않고 그대로였어. 우리나라는 수목이 울창해서 사찰 건축에 나무를 사용했잖아. 인간은 저마다 처한 환경을 이용해 문명을 만들고 문화를 꽃피웠음을 확인하는 시간이었단다.

로터스마할은 왕궁 구역에서 가장 아름다운 건축물이야. 역대 왕비들이 머물던 정자와 휴식처거든. 1층은 이슬람풍이라 겹겹이 층을 낸 아치형문이 있고 2층은 힌두 사원에서 보는 시카라 장식인데

1층은 이슬람풍, 2층은 힌두 장식인 로터스마할

위로 올라갈수록 작아지는 둥근 탑 모양 지붕이야. 서로 다른 건축 양식인데도 잘 어울리더구나.

로터스마할 뒷문으로 나가면 코끼리 사육장으로 쓰던 엘리펀트 스테이블이 있어. 천장에는 코끼리를 묶어 둘 때 쓰던 갈고리도 있고 코끼리를 장식했던 물건도 전시해 놓았더구나. 인도 역사에서 코끼리는 재산이자 전쟁 무기였어. 그래서 코끼리는 부유함의 상징이었지. 우리나라에도 조선 태종 때 코끼리를 유배시킨 기록이 나와. 일본 사신이 코끼리 한 마리를 선물했는데 하루에 콩 4말을 먹었대. 어느날 이 코끼리가 밟아서 사람이 죽었고, 그래서 전라도로 유배 보내졌다는 이야기야. 당시 코끼리 먹이를 대느라 아주 힘들었다고 해. 코끼리를 많이 소유하는 것은 그만큼 재력이 있다는 것을 말하지.

피라미드 모양의 마하나바미 디바도 보였는데, 왕이 전쟁터에 나갈 때 두르가 여신에게 제사를 지내던 제단이야. 두르가 여신은 시바신의 부인으로 8개의 손에 무기를 들고 악마와 싸워 승리를 거둔 신이지. 마침 하얀 옷을 입고 순례를 온 여성 자이나교도 무리를 만났어. 함께 사진도 찍고 인사도 나누었지. 남성 순례자는 자주 볼 수 있었지만 여성 순례자 수십 명을 만난 건 드문 일이어서 특별했지.

계단식으로 아래로 좁아지는 우물도 있더구나. 수로와도 연결되었어. 여왕의 목욕탕이라 불리는 건물도 돌로 지었는데, 안쪽의 테라스와 베란다 장식이 뛰어나. 테라스 아래 그늘에 앉으니 정말 시원하더구나.

비자야나가르 왕조의 궁궐터를 나와 하누만 사원으로 가는 길에 채석장에 들렀어. 도로 바로 옆이라서 쉽게 접근했지. 함피는 화강암 지대라서 질 좋은 돌을 이런 채석장에서 손쉽게 구할 수 있어. 이곳의 돌을 캐서 수많은 사원과 궁전을 지었겠지.

언덕 위의
하누만 사원

하누만 사원 입구에 도착하니 오후 4시였어. 한낮의 무더위가 꺾이긴 했지만 까마득한 언덕 위에 있는 사원을 향해 무려 570개의 가파른 계단을 오르고 또 올라야 했지. 힌두교 사원을 순례하는 현지인들은 낯선 외국인인 나를 신기한 표정으로 바라보았고 함께 사진을 찍자고 했어. 한번 찍기 시작하니까 끊을 수가 없어. 이쪽에 서라, 어깨동무를 하자, 어디서 왔냐……. 궁금한 것도 많아. 뚫어져라 쳐다보는 아이에게 미소를 보내며 돌아서는데 몇 걸음 못 가 다시 사진을 찍자는 다른 무리를 만났어. 그리 예쁘지 않은 나와 함께 찍은 사진을 쳐다보며 좋아라 하는 그들을 보자니, 어쩌면 그들은 나처럼 생긴 외국인은 처음 보겠구나 싶더라고. 숨이 차서 발걸

하누만 사원 안내도

음을 멈추고 중간에 몇 번을 쉬면서 정상에 도착했지.

가장 먼저 원숭이 떼가 반겨 주었어. 힌두교에서는 이곳을 원숭이신인 하누만의 탄생지로 여겨. 외벽을 하얗게 칠한 사원에는 맨발로 들어가야 해. 현지인은 아예 아래서부터 맨발로 정상까지 걸어오기도 해. 제단을 향해 정성껏 기도하거나, 제단을 빙 둘러 돌며 기도하는 현지인의 모습은 진지하고 경건했어.

마침내 까마득하게만 보이던 정상에 올랐어. 눈앞에 펼쳐진 풍광에 대한 경외감이 밀려와 가슴이 벅찼단다. 돌무더기가 흩어져 있는 평야, 폐허가 된 쓸쓸한 궁전 터, 울창한 야자수 숲, 아름다운 강에 취했거든. 정신을 차리고 보니 주변에 돌아다니는 원숭이가 진짜 많았어.

가족과 함께 온 아이들도 꽤 만났지. 맑은 눈이 무척이나 예뻐서 내가 먼저 함께 사진을 찍자고 했어. 아이들에게 준 선물은 한국에서 준비해 간 스티커야. 물고기와 하트 문양은 디자인과 색깔이 예뻐서 아이들의 손과 볼에 붙여 주면 다들 환히 웃지.

내려오는 길 역시 쉽지는 않았어. 체력이 떨어져 다리가 후덜덜해서 신발을 벗고 맨발로 걸었어. 바닥이 돌이라 지압이 되는 듯 발바닥이 시원했어. 그런데 어디선가 나타나 "하이!"를 외치며 아이들이 졸졸 따라 오는 거야. 바로 정상에서 스티커를 나누어 준 아이들이야. 아이들이 먼저 손을 내밀었어. 하이파이브도 하면서 양쪽 손에 아이들의 손을 잡고 내려왔어. 아이들의 밝은 웃음 때문에 다시 힘이 나더구나. 말은 통하지 않아도 잘 가라고 손 흔들며 헤어졌

하누만 사원 언덕에서 만난 아이들

지. 잠깐이지만 정이 들었어.

사원 입구에서 라미를 만나 오토릭샤를 타고 함피 시내로 다시 들어가려고 했는데 지역축제가 저녁부터 개막이라 교통통제를 했어. 너무 혼잡해서 축제를 보려던 계획을 취소하고 호스핏 입구 재래시장의 저녁 풍경 속으로 들어갔지. 간식으로 먹을 오이·토마토·몽키바나나를 샀는데 가격도 저렴하고 신선했어. 어둠이 내리는 시장에서는 소·돼지·개들이 음식물을 찾아 거리를 배회하고 있었어.

호스핏의 재래시장에서 파라타를 만드는 소년

도로 변 노점에서 호떡처럼 달콤한 맛이 나는 파라타도 사 먹었어. 사실 길거리음식이 탈이 날까 봐 두려워 잘 사 먹지 않는데, 만드는 모습을 보니까 어떤 맛일까 궁금해지더라.

호스핏 기차역에서 하루 동안 발이 되어 준 오토릭샤 운전자 라미와도 헤어졌어. 라미의 오토릭샤는 다른 운전자의 것보다 더 낡고 초라했지만 조심스

오토릭샤 운전자 라미

레 손님을 배려하는 마음은 따뜻했어. 돌아오는 길에 어두워 도랑에 빠질 뻔 했을 때 내 손을 잡아 주며 안도하는 눈빛에서 그 마음을 읽었지. 길 위에서 만난 사람 중에 그도 깊은 인상을 준 사람 중 하나야.

백단향의 도시
마이소르Mysore

호스핏 기차역에서 마이소르행 야간 기차를 탔어. 마이소르가 종착역이라 편하게 잤지. 인도 기차는 멈출 역에 대한 안내방송을 하지 않아서 혹시나 중간 기착지에 내리려면 신경을 곤두세워야 해. 다음날 아침 9시 30분, 12시간 만에 마이소르역에 도착했어.

숙소를 찾아 짐을 풀고 아침식사부터 했어. 근처 레스토랑에서 남인도식 전통 탈리를 먹었어. 먼저 테이블 위에 놓인 바나나잎에 물을 약간 붓고 깨끗이 닦으면 종업원이 음식을 가져 와. 종업원은 행여나 머리카락이라도 떨어질까 샤워캡 같은 그물모자를 쓰고 있어서 식품 위생에 많은 신경을 쓰고 있다는 인상을 받았어. 식사가 끝나면 후식으로 쌀알처럼 생긴 씨앗에 설탕을 입힌 하얀 무언가를 줘. 향이 역해서 끝까지 다 씹기 어려웠지만 민트처럼 개운했지.

숙소 주변에 마이소르 궁전과 큰 마켓이 있어서 구경 거리가 넘쳤지. 대신 도로는 엄청 복잡해. 도로 건너편으로 가려면 신경을 바짝 차려야 했어. 신호등을 찾기 어렵고, 있다고 해도 신호등 따윈 무시하고 달리는 차들이 많거든. 좌우를 잘 살폈다가 차량의 흐름에 조금이라도 틈이 생기면 "지금이야!"를 외치며 건너가야 한단다.

낮보다 밤이 아름다운
마이소르 궁전

숙소에서 가까운 와디야르 왕조의 유산인 마이소르 궁전으로 먼저 갔어. 궁전은 보안검색이 철저해. 더군다나 힌두교 신전도 아닌데 신발을 벗고 들어가야 해. 신발 한 켤레를 맡기는 비용은 2루피 (약 34원)야. 와디야르 왕조는 이슬람과 힌두 왕국 어디에도 속하지 않으면서 세력 균형을 유지한 왕조야. 영국 통치 기간에 영국과 철저히 친밀한 관계를 유지하며 기득권을 누렸고, 그 덕에 부와 권력을 유지했지. 이런 기회주의적 행위 때문인지 영국으로부터 독립한 후에도 궁전은 국가 소유가 되었지만 후손은 아직도 궁전 일부에서 살고 있대.

궁전 내부는 유럽의 웬만한 궁전보다 아름답다는 평을 듣고 있어. 힌두·이슬람·고딕 양식이 결합된 내부는 금·보석·상아·스테인드글라스로 장식한 섬세한 조각과 벽화로 가득해. 색을 칠하고 금박을 입힌 나무 기둥과 천장 장식과 바닥 타일의 장식 무늬와 색감도 눈부셔. 왕이 앉았던 순금의자와 기록물 같이 자세한 벽화를 보면 와디야르 왕가의 생활과 권력을 느낄 수 있어.

다음 날 저녁에는 마이소르 궁전의 점등식까지 볼 수 있었어. 일요일과 국경일 저녁 7시면 궁전 외곽을 둘러싼 등들을 한꺼번에 밝힌대. 9만 7천여 개의 전구가 동시에 켜질 때 반짝거리는 불빛이 밤하늘을 환하게 밝히는데 정말 환상적이야. 궁전 앞 광장을 가득 메운 관람객과 함께 정각 7시를 기다렸어. 불이 켜지는 순간, 모두가 감탄하며 손뼉을 쳤지. 다들 휴대폰으로 사진을 찍느라 바빴어. 궁궐 악대가 흥겨운 음악도 연주했어. 점등식 순간은 생각보다 훨씬 신비롭고 아름다워. 빛이 주는 황홀, 그 광장에 머물렀던 순간은 현실이 아닌 듯 하거든. 그 순간은 평생 잊지 못할 거야.

마이소르 궁전의 야경

차문디힐 언덕의
차문데 쉬바리 힌두 사원

마이소르 시외버스터미널 같은 곳을 찾아 차문디힐로 가는 버스를 탔어. 요금은 30루피(약 550원). 여자 버스안내원이 일일이 승객에게 요금을 받고 즉석에서 영수증을 발급해 주더구나. 마이소르에는 수백 년이 넘어 보이는 커다란 나무가 참 많아. 공원에서 본 나무 역시 가지가 쭉쭉 뻗었는데, 밑둥에서 위를 보니 하늘을 가리며 얽히고설킨 가지들이 장관이야. 가는 동안 동물원을 지났어. 1892년 개관한 마이소르의 동물원은 아시아 최초의 자연친화적인 동물원으로 꽤 알려진 곳이야. 동물원에 들릴 시간은 없었지만 담장에 그려진 그림을 보며 어떤 동물이 그곳에 사는지 상상할 수 있었단다.

1,062미터 차문디힐로 오르는 길은 버스로 30분 정도 걸려. 제법

차문데 쉬바리 힌두 사원에 있는 고푸람

높은 곳인지라 굽이굽이 돌아 올라가. 버스 창으로 내려다보는 풍
경은 멋졌지. 한눈에 도시 전체가 들어오더군. 버스 종점에 내리니
사원 입구까지 난장이 펼쳐졌어. 갖가지 물건들에 눈이 자꾸 가더
구나.

용맹한 여신 차문디를 모시는 사원에는 40미터나 되는 7층짜리
고푸람이 솟아 있어. 고푸람은 위로 올라갈수록 좁아지는 사각형
의 탑처럼 생긴 출입문을 말해. 언덕을 오르는 길에는 천여 개의 돌
계단이 있는데, 힌두교 순례자는 하나하나 밟고 꼭대기에 있는 사
원까지 오른단다. 사원 입구에는 코코넛잎을 금줄처럼 걸어 놓았
더구나. 순례자는 사원에 들어가기 전 반드시 코코넛을 사서 깨뜨

려야 한대. 그 의미는 두 가지야. 신을 만나기 전에 자신의 자아를 깬다는 것과 또 하나는 창조야. 코코넛을 깨고 나면 씨앗이 남잖아. 땅에 뿌려진 씨앗은 자라서 열매를 맺고 또 다른 씨앗을 품는 순환의 과정을 겪으니까 창조라고 의미를 담은 거지. 그래서일까 사원 주변에는 코코넛을 파는 사람이 많고 깨진 코코넛 파편도 곳곳에 쌓였어.

신전에 올라가려다 신전 주변을 걸었어. 한적한 시골 마을 분위기인데 주차된 소형 자동차는 일본차도 있었지만 우리 현대차와 기아차가 거의 3분의 1이었어. 몹시 반가웠지. 현재 인도에서 한국 자동차 점유율이 약 20퍼센트 정도인데, 까다로운 인도의 배기가스 기준도 통과했다는구나.

신전 주변 난장에서 노란 옥수수도 샀는데 먹어 보니 강원도 찰옥수수 맛은 못 따라와. 돌아다니는 원숭이를 피해 코코넛즙도 마시며 더위를 식혔단다.

내려가는 버스를 타러 가다 입구의 차문디 여신상 앞에서 사진을 찍느라 북적이는 사람들을 봤어. 차문디 여신은 마이소르를 지배하던 악마 마히샤수라와 전투를 벌여서 승리한 뒤, 마이소르를 보호하는 신이 되었거든. 차문디 여신은 싸움에 쓰이는 각종 병기를 다룰 줄 알 뿐 아니라 엄청난 전투력을 가진 신이야. 마이소르 시민은 현대판 병기라고 여기는 오토바이나 자동차를 구입하면,

일요일 오전에 이곳 사원에 와서 안전과 축복을 기원하는 전통이 있단다.

버스 정류장에서 내려가는 버스를 탔어. 중간쯤에 자리잡았는데, 마주보는 곳에 현지 여성 두 명이 앉았어. 말이 통하지 않으니 눈으로만 인사한 뒤 창밖을 보다가 심심해서 여성의 옷차림에 시선을 두었지. 노란색과 초록색 사리를 입었는데 금팔찌를 끼고 귀고리는 물론이고 코에도 링을 꼈어. 샌들을 신은 발가락에도 반지를 끼었더구나. 들고 있는 손지갑은 촘촘하게 박힌 거울과 색구슬 장식으로 번쩍였어. 머리에는 재스민 꽃을 꽂았어. 오른쪽 코에 끼워 놓은 작은 링 때문에 결혼했음을 금방 알아보았어. 결혼한 여자는 남편에게 속했다는 의미로 코에 링을 끼운대. 화려한 옷차림과 갈색 피부가 잘 어울렸어. 남인도 쪽에 오니 젊은 여성일수록 머리에 재스민 꽃으로 장식하더구나. 꽃을 꽂고 있으면 더 로맨틱하고 예쁘게 보인다고 생각하나 봐.

버스 운전사가 흥겨운 음악을 틀어 주었어. 단순 반복되는 리듬이 우리 트로트랑 닮았지. 자꾸 들으니 은근히 중독성이 있어 따라 부르다가 데바라자 시장 근처에서 내렸어. 시장 앞 광장 시계탑 앞에도 물건을 파는 상인들로 발 디딜 틈이 없었어.

데바라자 시장은 약 200년의 역사를 가진 마이소르의 재래시장이야. 상품 종류별로 구획을 나누어 물건을 팔고 있어서 효율적이

고 볼거리도 많아. 시장 입구에는 허리 높이까지 오는 쇠기둥이 10
개 정도 세워져 있어. 뭐지? 하고 보니 소가 시장에 들어오지 못하
게 막아 놓은 거더군. 시장은 색의 향연이야. 원색의 과일과 채소,
꽃, 향신료, 설탕, 양초, 꿈꿈 가루로 가득했거든. 선홍색, 주황색,
노란색, 보라색 등의 화려한 꿈꿈은 쌀가루에 천연색소를 물들인

데바라자 시장 입구에 세워진 소 출입을 막는 차단 기둥

데바라자 시장의 과일가게

데바라자 시장에서 본 색색의 꿈꿈 가루

것을 말해. 이것은 얼굴에 찍을 때, 바닥에 문양을 그릴 때, 힌두교 사원에서 종교의례 때 사용해. 빨간 바나나도 파는데 노란 바나나보다 달고 쫀득하고 새콤해서 맛있어. 활기찬 분위기가 참 좋았단다.

숙소까지 걸으려니 아무래도 매연이 별로일 것 같아 오토릭샤를 탔어. 마스크와 스카프로 입과 코를 막고서야 숨 쉬기 편하더구나.

저녁은 입구에 가네샤신을 모셔 놓은 RR레스토랑에서 치킨비리야니를 먹었어. 남인도식 닭고기볶음밥인데 커리 소스와 하얀 요거트 같은 시큼한 소스와 함께 비벼 먹으면 돼. 간이 입에 맞았어. 밑반찬 격인 작은 고추튀김은 엄청 매운데 손톱만큼만 먹어도 입안이 얼얼할 정도야.

식사하고 나오니 밤 9시이야. 근처에 우리나라 이마트같은 'SMART 마트'가 있어서 간식거리를 조금 샀어. 마트에는 세일 상품도 많고 한국산 화장품 팩도 팔았어. 특이한 점은 큰 가방은 매장에 갖고 들어갈 수 없어서 입구에 맡겨야 하고, 나올 때는 출구에서 직원이 매장에서 산 물품과 영수증을 일일이 대조하는 거야. 들고 있던 가방을 벌려 소지품 검사를 끝내고 영수증에 도장을 찍어 주더구나. 아마 도난을 예방하기 위한 조처겠지만 범죄자 취급받는 것 같아 당황스러웠어. 생각 없이 영수증을 버렸더라면 난감할 뻔했지.

• 남인도에서 음식을 담는 그릇은 바나나잎이라고?

인도 음식의 기본 메뉴는 탈리야. 우리나라의 밥과 반찬이라고 생각하면 돼. 탈리는 엄격히 말하면 둥근 쟁반이야. 식당에서 탈리 정식을 시키면 쟁반 가운데 밥과 튀긴 빵(푸리)을 놓고 카토리라고 하는 종지에 갖가지 종류의 반찬이나 커리를 담아 줘. 보통 5개 이상은 나오는데 단맛, 신맛, 짠맛, 매운맛, 떫은맛, 쓴맛을 고루 맛볼 수 있어. 삼바르라고 하는 걸쭉한 렌틸콩 스튜나 요구르트, 달콤한 후식도 카토리에 담아 같이 줘. 모자라면 밥은 더 보충해 주지.

그런데 남인도는 음식을 탈리 쟁반 대신 녹색 바나나잎에 담아 주기도 한단다. 그런 식당에 가면 바나나잎을 식탁 위에 이미 깔아 놓았어. 물을 한두 방울 떨어뜨려 잎을 헹구고 기다리고 있으면 종업원이 가운데에 밥을 담고 주변에 반찬을 빙 둘러 담아 줘. 손으로 비벼서 섞어 먹

남인도식 탈리

는데, 익숙하지 않으면 스푼을 달라고 하면 돼. 만약 음식을 남긴다 해도 바나나잎으로 싸서 버리면 설거지 없이 소들에게 먹이로 주니까 쓰레기도 없지. 친환경적인 식사법이야.

• 인도에는 카레가 없다고?

카레의 어원은 남인도에서 쓰는 타밀어로 '소스'를 뜻하는 말이야. 맛을 좋게 하려고 넣어 먹는 걸쭉한 액체 소스를 힌디어로 '커리'라고 하지. 인도 북쪽 벵골에서는 '까리', 혹은 '꼬리'라고 해. 보통 카레는 영어권 국가에서 양념이 풍성한 인도 음식을 가리켜. 영국은 인도를 통치하면서 동인도회사를 통해 건너간 커리를 자기네 입맛에 맞게 여러 가지 향신료를 섞어 조리해 먹었지. 후에 일본이 영국에서 배워 자기네 식으로 바꿔 만든 것이 바로 달착지근한 카레라이스이야. '일본식 카레'와 '인도 커리'는 달라.

인도인이 먹는 커리는 스물다섯 가지 양념을 이용해 맛을 낼 수 있어. 샤프란이나 강황으로 노란 색을 내고 정향, 생강, 후추를 넣어 매운 맛을 내지. 이런 양념은 몸의 열을 낮추는데, 정향은 세균을 막고, 생강은 면역력을 기르고, 후추는 소화를 돕는다고 해. 이런 건강 지혜가 담긴 음식이 인도의 무더운 날씨를 견디게 하나 봐. 인도에는 채식을 하는 사람이 많아. 이유를 살펴보니 무더운 곳에서 땀을 많이 흘리면 소화력이 떨어진대. 고기류는 식물성보다 소화력이 떨어져 위장에 부담을 주거든. 인도식 백반 '탈리'를 먹을 때는 시큼한 요구르트 맛이 나는 커리도 종지에 꼭 담아 내와. 북인도에서는 밀가루 반죽을 얇게 밀어 구운 '난'을 걸쭉한 크림 같은 커리에 찍어 먹어.

탈리 정식

자이나교 성지
스라바나벨라골라Sravanabelgola

'하얀 연못의 수도승'이라는 뜻을 가진 스라바나벨라골라는 인도에서 가장 오래된 자이나교 성지야. 마이소르에서 버스로 2시간 걸리는 작은 마을인데 자이나교 축제 기간엔 100만 명이나 되는 사람들이 모여 북적인대. 한 덩어리의 화강암을 조각해서 만든, 세계에서 가장 높은 18미터의 거대한 나신상이 있어 더 유명해.

언덕 꼭대기에 있는 자이나교 성자 '고마테스와라 바후발리' 석상을 보기 위해선 암반 언덕의 614개 계단을 밟아야 해. 이곳 역시 성지라 입구에 신발을 맡기고 맨발로 올라야 했어. 거대한 화강암을 깎아 만든 계단을 오를 때는 경사가 가팔라 숨을 헐떡이게 돼. 가끔 뒤돌아보면 남부 데칸고원 자락에 펼쳐진 들과 숲의 초록 풍경이 흐르는 땀을 잊게 해 준단다.

정상에 있는 사원은 주변의 자연과 잘 어울리고 섬세한 조각도

바위산에 오르는 손님을 태운 가마, 돌리

아름다워. 주로 자이나교 성인 조각상이 많아. 마침 주황색 옷을 입은 순례객과, 알몸으로 털 빗자루 하나만 들고 다니며 제를 올리고 어린아이를 축복하는 자이나교 수행자도 만났지. 그의 선한 눈빛과 부드러운 인상은 무소유의 삶을 떠올리게 했어. 가까이서 카메라를 들이대는 게 예의가 아니어서 차마 사진을 찍을 수 없었어.

언덕을 내려오다가 '돌리'를 타고 올라가는 사람을 봤어. 돌리는 4인 1조가 되어 손님을 태우고 가는 가마인데, 정상까지 왕복 요금은 3,000루피(약 54,000원)야. 내려올 때는 가속도가 붙어 더 힘든 모양이야. 위에 앉은 사람은 거의 뒤로 눕듯이 타고 내려오더구나. 혼자 계단을 오르기도 숨이 턱에 찰 텐데, 이 가마꾼들은 얼마나 힘들까.

자이나교 성자 '고마테스와라 바후발리' 석상

• 자이나교가 다른 종교와 구별되는 가장 큰 특징은 뭘까?

자이나교는 여러 신을 섬기는 힌두교의 교리를 부정하고 해탈한 인간

영혼이 창조주를 대신한다고 말해. 그래도 힌두교의 카르마와 환생과

같은 개념은 있어. 자이나교의 특징은 금욕·불살생·무소유야. 인도 전체 인구 중 0.5퍼센트에 불과하지만 신도가 400만 명이나 된다고 해.

자이나교도는 흙을 갈다가 행여 작은 벌레 한 마리라도 죽일까 봐 농업이나 건설업에 종사하지 않아. 신자들은 정직과 신의를 바탕으로 장사해서 부를 축적하면, 자신의 종교를 위해 엄청난 액수의 기부금을 낸단다. 생명을 사랑해서 동물병원과 보호소를 짓거나 후원하지. 가죽제품은 사지도 입지도 않기에 자이나교 사원에 들어가려면 가죽제품으로 된 벨트나 가방 같은 것은 갖고 있을 수 없단다.

식사할 때도 혹시 하루살이 한 마리라도 입에 들어갈까 봐 조심한단다. 거리를 걸으면서도 혹여나 벌레라도 밟아 살생할까 봐 빗자루로 지날 자리를 쓸고 간다고 해. 채식주의자도 많고, 특히 뿌리채소인 양파·마늘·무를 먹지 않는다고 해. 뿌리를 뽑다가 그 땅 밑에서 따라 올라올 생명체를 죽일까 걱정해서이지. 세 달에 한 번씩 머리카락과 수염을 뽑는대. 왜냐고? 머리카락과 수염을 자를 때, 그곳에서 자라는 미세한 생명체를 해칠 수 있어서 그렇

자이나교의 알몸 수행자

다는구나.

자이나교 수도승의 삶은 더 엄격해. 옷조차 입지 않는 공의파空衣派 사람은 자신과 연결되지 않은 모든 것을 거부하기 때문에 알몸으로 다녀. 옷이라도 입자는 백의파白衣派는 흰옷을 걸치는데 혹시 실수로 공기 중의 미세한 생물을 삼킬까 봐 항상 얇은 천으로 입을 가린대. 일생 동안 금식과 단식으로 욕망을 이기는 고행을 하고, 죽을 때 이르러 일체의 물과 음식을 입에 대지 않는 '산타'라는 종교의식으로 죽음을 능동적으로 맞는 수행자도 있다고 해.

• 찬드라굽타는 왜 자이나교 성지에서 금식하다 죽었을까?

찬드라굽타(재위 기원전 324~298)는 인도를 하나로 통일한 마우리아 왕조의 첫 번째 황제야. 그에 관해 내려오는 전설이 있지. 어린 시절 아버지가 국경 전투에 나갔다가 전사하자, 외삼촌은 그를 소치는 사람에게 맡겼는데 곧 사냥꾼에게 팔렸대. 다시 브라만계급의 정치가에게 팔리고 그 정치가에게서 군사전술과 미학을 교육받고 전투에도 참가해서 공을 세웠다나 봐. 그쯤 서북인도로 침입한 알렉산더대왕을 만났고, 얼마 안 돼 꿈속에서 사자를 만났는데 몸을 핥아 주면서 왕이 될 수 있다고 용기를 주었대. 그대로 정말 백성에게 신뢰받는 왕이 되었고 정복군주로 인도 대부분을 장악했지.

찬드라굽타가 전성기를 누릴 때, '바드라바후'라는 자이나교 현자가 그에게 권력의 무상함과 12년간의 대기근을 경고했대. 예언대로 무시무시한 흉년이 들었고 수많은 사람이 굶어 죽었지. 찬드라굽타에게는 호화로운 궁전과 재산, 수많은 군대와 신하, 넘쳐나는 코끼리가 있지만 기근 앞에서는 무기력했단다. 금박으로 치장한 화려한 옥좌에 앉아 있는 동안 백성의 탄식과 공포는 거리를 메웠어. 보다 못한 그는 자이나교의 현자 바드라바후를 다시 불러 스승으로 모시고 수행에 들어갔어.

이후로 찬드라굽타는 아들에게 왕위를 물려주고 넝마를 걸치고 거리로 나섰어. 그리고 저 멀리 남쪽 데칸고원의 거친 바위산까지 순례를 떠났지. 마침내 자이나교의 가장 신성한 성지인 스라바나벨라골라의 동굴에서 자신의 삶을 참회하며 금식하다 죽음을 맞았다는군.

호이살라 왕조의 유적지
벨루르와 할레비드 Belur & Halebid

북인도에서 이슬람 왕조가 힘을 키웠다가 사라지고 다시 살아나기를 반복할 때, 남인도는 호이살라 왕조가 1000년에서 1328년까지 번성해. 자이나교와 힌두교를 믿었던 호이살라 왕조는 북인도와 남인도 어디에도 속하지 않는 독특한 건축 문화를 남겼단다.

벨루르의 첸나케샤바 사원

남인도 서쪽 해안과 가까운 벨루르는 사원 건축에 관심이 있는 사람이라면 꼭 봐야 할 곳이야. 마이소르에서 4시간 정도 걸려. 아침 일찍 버스를 타고 가는데 일이 벌어졌어. 교통이 그다지 좋지 않은 시골길을 한참 달리는데, 갑자기 도로 위에 건초더미가 두텁게 깔려 있는 거야. 버스가 바로 멈출 줄 알았는데 그대로 달렸어. 어

떻게 되겠어. 버스 바퀴가 건초 더미에 막혀 굴러가지 못하게 되어
버렸지. 버스 기사가 내려 바퀴 상태를 살피고 있는데 근처에 있던
건초 주인 할머니가 나타났어. 할머니는 난처한 표정인데, 버스 기
사는 호통치질 않는 거야. 바퀴에 끼인 건초를 빼내고 치우더니 다
시 차를 몰아 건초 더미 위를 지나갔어. 차량이 다니는 도로 한가운
데에 건초를 말리는 사람이나 그 위를 그대로 넘어가는 사람이나
이해가 되지 않았지. 느긋한 인도인의 성품 때문인지, 아니면 별 생
각이 없다고 봐야 하는 건지 판단이 안 되었어.

벨루르는 11~12세기 남인도 데칸 산악지방에서 번성했던 호이
살라 왕조의 수도였어. 왕조의 초대왕은 자이나교를 숭배했지만
후대에 힌두교를 받아들이면서 두 종교가 혼합된 호이살라 왕국식
건축물이 남게 되었지.

대표적인 유적지 첸나케샤바 사원의 입구엔 남인도 힌두 사원에
서 볼 수 있는 문과 탑의 기능을 가진 고푸람이 있단다. 1116년 촐
라제국과의 전쟁에서 승리한 기념으로 지은 거래. 고푸람과 본당
사이의 높다란 기둥에는 가루다가 조각되어 있어. 가루다는 독수
리 머리에 몸은 사람인 새야. 인도 신화에서 등장하는 상상의 동물
로 용을 잡아먹는다고 해. 본당은 납작한 건물인데 탑은 하늘로 치
솟아 있고 지붕은 없어. 단단한 벽에는 코끼리, 사자, 말과 볼륨 있
는 인체를 표현한 조각이 있는데 아주 섬세해. 미완성으로 남아 있

는 조각도 있지만 나무도 아닌 견고한 돌을 그렇게 정교하게 조각할 수 있었다는 게 놀라워.

할레비드의 호이살레스와라 사원

벨루르에서 버스로 30분 거리인 할레비드로 이동했어. 할레비드는 호이살라 왕조 후반기의 수도야. 14세기 델리에서 내려온 이슬람에게 정복을 당해서 폐허가 되었기에 '죽음의 도시'라는 끔직한 이름으로 불렸지. 할레비드에는 호이살라 왕국의 최고 걸작이라고 평가받는 호이살레스와라 사원이 있어. 힌두 문화 최고의 유적이기도 해. 호이살레스와라 사원이 이교도에게 잔인했던 이슬람의 파괴와 약탈을 피해 온전히 남을 수 있었던 것은 수수께끼야.

호이살레스와라 사원은 1121년 시바신을 모시기 위해 지었어. 호이살라 왕조가 남긴 사원의 특징은, 정면에서 보면 납작한데 하늘에서 내려 보면 별모양이고, 벽면 가득 세밀한 조각이 가득하다는 거야. 사원의 벽은 인간 윤회의 단계를 11겹 층으로 표현한 기단과 조각으로 이루어졌어. 조각을 찬찬히 들여다보면 그 정교함에 전율이 느껴져. 비슈누신이 자기를 죽이려 한 적의 배를 갈라 내장을 꺼내는 모습과, 궁사의 시위를 떠난 화살이 7개의 나무 기둥을 스치고 날아가 코브라뱀의 머리를 뚫으면서 독을 묻힌 다음 적의 허리에 박히는 모습도 조각되어 있어. 그림을 그리기도 어려운데 단단한 돌에 정교하게 조각해 놓았으니 얼마나 대단해. 힌두 여신이 입고 있는 옷에 구슬 한 개 한 개와 실오라기 한 올 한 올까지 표현한 장인이 존경스럽기만 하더구나. 기둥은 톱니바퀴 모양과

호이살레스와라 사원을 배경으로 춤추는 노란 옷의 소녀

동심원 테두리로 조각했는데 회전하는 기계가 있어야 조각이 가능했을 거야. 같은 시대 우리나라의 불상이 사실성을 배제하고 단순하고 투박하게 조각한 것과 비교가 되었어. 인간이 이런 조각을 남겨 놓다니 감동 그 자체였지.

할레비드를 출발해 다시 숙소가 있는 마이소르로 향했어. 차창 밖으로 한낮의 더위에도 모내기 하는 여인이 보이고 한쪽에는 모가 자라고 있었어. 우리는 1년에 한 번 쌀을 수확하지만 남인도는 3모작이 되는 지역이야. 농지가 정리되지 않은 꾸불꾸불한 논두렁

은 어릴 적에 본 우리 농촌 풍경과 닮아서 정감이 가더구나.

저녁 어스름이 내려와 어두워질 쯤 마이소르에 도착했어. 여행지의 숙소는 집과 마찬가지여서 마음이 평온해진단다.

성 필로메나 성당

아침부터 서둘러 마이소르에 있는 성 필로메나 성당을 찾았어. 필로메나는 가톨릭 교회에서 공경받는 성녀야. 4세기에 순교한 젊은 공주로, 19세기 초에 로마의 한 벽감에서 유해가 발견되었어. 그뒤 성인으로 모셔졌지. 성당은 비교적 최근인 1956년에 완공되었대. 인도에도 이런 곳이 있나 싶게 고딕 양식의 쌍둥이 첨탑과 꽃문양 스테인드글라스창이 소박하면서도 아름다웠어. 성당에 부속된 학교가 있어 등교하는 아이들로 운동장은 활기찼어. 운동장에는 아직 치우지 않은 성탄절 소품과 아기예수의 탄생을 축하하는 동방박사의 조형물이 있더구나. 다양한 신을 섬기는 나라, 인도의 학교에서 아이들이 종교를 통해 평화와 조화, 고귀한 생명을 존중하는 마음을 배우기를 바라며 성당을 나왔단다.

인도의 실리콘밸리
벵갈루루Bengaluru

벵갈루루는 인도 IT산업의 중심인 경제도시야. 해발 920미터 고원 도시라 남인도의 뜨거운 무더위도 피할 수 있는 곳이지. 이슬람이 지배할 때는 군사도시에 불과했지만 영국의 식민 통치를 받으면서 시가지의 틀이 잡혔단다.

티푸술탄의 저항 정신이 깃든
여름 궁전

마이소르에서 벵갈루루까지 버스로 3시간 정도 걸리더구나. 먼저 찾은 곳은 티푸술탄 팰리스야. 마지막까지 영국에 저항했던 티푸술탄 왕조의 여름 궁전이지. 이슬람 왕조의 후계자 티푸술탄은 1767년부터 1799년까지 32년간 네 차례에 걸쳐 영국과 전쟁을 치

렀단다. 영국에 포섭돼 자발적으로 식민 지배하에 들어갔던 다른
왕과는 달랐어. '갇혀 사는 비참한 삶보다 차라리 군인으로 죽는 길
을 택하겠다'는 선언을 하고 영국과 싸우다 전사했어. 그의 죽음을
끝으로 남인도는 영국의 손에 넘어가게 돼. 독립을 지키려 한 티푸
술탄의 저항은 물거품으로 사라졌지만 영국은 그의 기상이 두려웠
을 거야. 달걀로 바위 치기 같은 무모함이라고 친영파에게 조롱당
했을지 모르지만 티푸술탄의 항쟁은 결코 부끄럽지 않았으니까.

　점령자 영국은 술탄의 궁전을 집무실로 사용하다 떠났지. 손상된
벽은 그간의 심란한 역사를 보여주는 듯 했어. 2층인 궁전 건물은
박물관인데, 다양한 그림과 티푸술탄의 대영 항쟁 자료를 전시해
놓았어. 200년 전 색칠 그대로가 보존된 기둥은 힌두 양식이고 아
치 모양은 이슬람 양식이야. 궁전의 160개 기둥은 티크나무로 만

티푸술탄 궁전

들었는데 만져 보니 돌처럼 단단하더군. 나무라니까 그런 줄 알지, 돌이라고 해도 믿을 거야. 기둥 하나에 티크나무 한 그루를 썼다니까, 궁전의 기둥을 세우기 위해 160그루가 필요했던 거지. 성벽은 다 허물어지고 작은

MG로드 기차역

궁전만 남았지만 이슬람 문양으로 조각한 문과 천장 장식은 우아하고 고풍스러운 정취가 그윽하단다. 궁전의 정원에는 특이한 나무가 있어. 공작새가 날개를 활짝 편 듯 자라거든.

남인도 여행 동안 처음으로 소고기를 먹을 수 있는 레스토랑을 찾았어. 채식 위주로만 먹다가 부드러운 스테이크와 야채볶음밥을 삼키니 기운이 절로 나는 듯 했어.

점심을 먹고 벵갈루루에서 가장 번화하다는 MG로드를 기웃거렸단다. 'MG'는 '마하트마 간디Mahatma Gandhi'의 약자야. 인도인이 존경하는 간디라서 인도 곳곳의 붐비는 거리 이름이 MG로드인 경

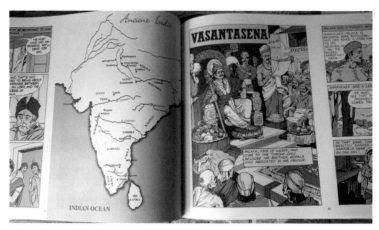

찬드라굽타왕의 일생을 다룬 만화 《아마르치트라 카타》

우가 많아. MG로드에는 백화점, 레스토랑, 카페, 다국적 기업매장, 공예품점이 즐비하단다. 끊임없이 그리고 정신없이 지나는 차량과 사람을 보느라 교통경찰이 있는 교차로 통제소 옆에 잠시 섰어. 녹색 신호등의 대기 시간이 짧아서 길을 건널 때는 긴장해야 해. 다들 신호등 따윈 신경 쓰지 않고 막 건너더구나. 안전하려면 사람이나 자동차나 규칙을 지켜야는데 말이야. 인도에는 무질서 속에 질서가 있다는 말을 어떻게 납득할지, 무단횡단하는 사람들을 보며 난 감했단다.

걷다가 중고서점을 발견했어. 입구와 서점 출입문이 멀어 서점인 줄도 모르고 지나칠 뻔했지. 입구에 진열해 놓은 찬드라굽타왕의 일생을 다룬 유명한 만화책 《아마르치트라 카타》가 있어서 한참을 재밌게 봤어. 책은 에어인디아 비행기에서 본 만화영화의 내용이어서 친숙하더라. 여기도 우리 서점과 마찬가지로 주제별로 책을 진열하더구나. 역사·인물·여행·문학·교육·요리 책도 있고 아동용 책도 많아. 자연으로부터 받은 영감으로 치유와 휴식을 준다는 만다라 컬러링북, 붓다의 일생을 담은 책, 인도 여행안내서 《인디아》를 샀어. 《인디아》는 책등이 4센티미터나 되는 두툼한 책인데 인도 여행에 필수인 정보를 거의 수록했더라고. 영어 책이라 이해는 다 못해도 사진과 그림이 풍부해서 유익했어. 3권의 값이 합해서 885루피(약 15,300원)이니 꽤나 저렴하지. 생각지도 못했는데 중고서점에서 보물을 발견한 기분이었어. 1층에서 2층까지 구석구석 책 구경을 하다 보니 1시간이 훨씬 지났더구나.

서점 건너에는 삼성의 매장이 있어. MG로드의 중심가에 세련되고 깔끔한 매장으로 마치 쉼터 같았어. 1층엔 휴대폰 매장, 2층에는 전자제품을 팔아. 밖에도 공원처럼 꾸며서 MG로드의 명소로도 손색이 없겠더라고.

• 벵갈루루는 어떻게 인도의 실리콘밸리가 되었을까?
인도는 1750년 무렵엔 제조업이 차지하는 비율이 높은 강대국이었어. 유럽에서 일어난 산업혁명과 영국의 식민 통치에 밀려 저개발국가로 전락했다가 지금은 IT를 비롯한 지식산업을 이끄는 생산 기지가 되었지.

세계 두 번째 소프트웨어 수출국이자 글로벌 기업들의 소프트웨어 개발 센터가 모여 있거든. 이렇게 된 것은 1991년 외환위기 이후 국가 주도로 통제하고 관리하던 계획 경제에서 벗어나 시장을 중심에 둔 경제를 받아들였기 때문이야. 인도 정부는 낙후된 제조업에 활기를 북돋기 위해 소프트웨어 인력 양성과 IT기업 지원에 힘써 왔지. 파격적으로 소프트웨어 수입품의 관세를 면제하고, 소프트웨어를 수출해서 번 돈에도 소득세를 면제했어. 인도에는 영어 구사력이 뛰어나고 수학과 과학에 뛰어난 인재가 많아. 자연스럽게 외국 자본과 기업이 들어오면서 경제가 급속히 성장했단다. 이런 정부 지원과 인재를 배경으로 벵갈루루는 새로운 실리콘밸리로 급속하게 성장했어.

벵갈루루는 영국의 통치를 받을 때도 남인도 지역의 중요한 행정 도시이자 교통의 중심지였어. 독립 후에도 교육·정보·기술력이 발전했지. 아무래도 해발 920미터의 고원 도시라 뭄바이나 델리처럼 지독한 더위나 매연이 없으니 외국인이 들어와 투자하고 살기에는 좋은 여건인 점도 있어. 벵갈루루의 소득과 생활수준은 인도 최고란다.

다시 버스를 타고 벵갈루루 시티역으로 갔어. 해가 지고 어두워지는데도 거리엔 사람들이 넘쳤어. 특히 남인도 최대의 마제스틱 버스터미널은 더 바글바글했어. 역에 도착하니 단체로 어딘가 떠나는 교복 입은 학생들이 배낭을 포개 놓고 앉아 이야기를 나누고 있더구나. 인솔하는 선생님은 장난치는 개구쟁이들을 막았지. 대기실에 들어가니 가족과 온 어린이가 여럿이었어. 낯선 외국인이 신기한 지 호기심을 감추지 못하고 뚫어져라 쳐다보기에 싱긋 웃어 주고 동물스티커를 주었더니 활짝 웃더구나. 대기실은 점점 포화상태가 되고 앉을 자리도 없어서 여행가방에 걸터앉았지. 마침 벽에 콘센트가 있어 휴대폰을 충전하면서 책을 봤어. 열차가 들어오는 시간이 되자 사람들이 일어나고 나도 짐을 챙겼지. 그런데 내가 휴대폰을 두고 갈까 봐 좀 전에 스티커를 받은 아이의 아빠가 벽에 꽂아 둔 휴대폰을 가리켰어. 작은 선물에 화답하는 따뜻한 마음을 느꼈단다.

벵갈루루에서 코치로 가기 위해 에르나쿨람행 기차를 탔어. 12시간 타는 야간열차야. 저녁 8시에 출발하는 기차라 미처 저녁을 먹지 못한 승객들은 기차 안에서 도시락을 사먹더구나. 인도 음식 특유의 향신료 냄새가 번졌어. 조금 불편했지만 나도 식사 대용으로 바나나와 포도를 먹었지. 앞에 앉은 가족은 부부와 아들 같았어. 인사를 건네니 어디서 왔냐고 물어. 한국에서 왔다고 하니, 아저씨가 반가워하며 자신은 21년 전 사우디아라비아에서 한국 기업에 고용되어 건설현장에서 일했대. 무더운 사막 기후에 고생하며 가장으로서 책임을 다했을 그의 삶이 그려지더구나. 깊은 이야기는 나눌 수 없지만 작은 인연도 소중하기에 아들에게 선물을 줬어. 한국에서 가져간 12색연필이야. 아들이 결혼했을 것 같아 집에 어린 아이가 있을 거라 생각했거든. 그런데 겨우 스물한 살이래. 내 눈에는 서른 살로 보였는데 말이야. 짧은 시간이었지만 인도인 가족과 함께한 시간도 즐거웠단다.

남인도 서부 해안

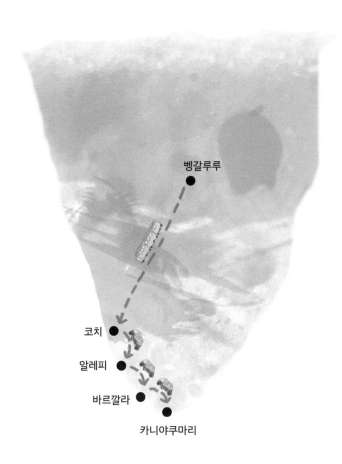

벵갈루루

코치

알레피

바르깔라

카니야쿠마리

인도 최고의 무역항이자 예술의 도시
코치|Cochi

기차는 아침 7시 30분에 에르나쿨람역에 도착했어. 코치는 로마 제국 시대 이후로 향신료 거래의 중개지로 알려진 인도 최고의 무역항이야. 독특하게 코치는 신시가지 에르나쿨람, 항만이 있는 웰링던섬, 오랜 역사를 간직한 포트코친과 마탄체리, 이렇게 네 구역을 통합한 도시야. 코치는 남인도 서쪽 케랄라주에 있어. 풍광이 아름답고 땅은 비옥하며 해산물이 풍부해. 옛 이름은 코친인데 기원전부터 중국과 페르시아, 유럽의 상인들이 드나들었지. 16세기 들어서 포르투갈, 네덜란드, 영국이 서로 차지하려고 덤볐고 마침내 영국의 손에 들어가면서 식민 수탈의 통로가 되었어. 이렇듯 여러 나라가 향신료 무역으로 부를 얻고자 일찍부터 왕래가 빈번하여 다양한 문화가 섞인 도시가 되었어. 인도 최초로 국제 미술 전람회인 비엔날레가 2년마다 열리는 예술의 도시이기도 하단다.

숙소에 짐을 풀고 페리선착장까지 걸었어. 배를 타고 볼거리가 풍부한 포트코친에 가기 위해서야. 유람선이라기보다 해상버스더군. 남녀가 따로 줄을 서서 표를 끊어. 배 안에서도 따로 앉느냐고? 그건 아니야. 공항에서도 남녀가 따로 줄을 서는데 여성을 보호하려는 관습으로 보면 돼. 배의 운임은 1인당 4루피(약 70원)야.

선착장에 내려서 걸었어. 아침부터 무더웠지만 볼거리가 많아 참을만 했지. 여행객이 늘 찾아오니 각종 공예품과 옷과 가방을 파는 상점도 번창하더라고. 허름한 상가 1층에 체게바라 초상화와 사진이 걸려 있는 게 의외였어. 살펴보니 잡지도 볼 수 있는데 공산당이 운영하는 모임장소 같았어. 코치가 속한 케랄라주는 인도에서 공산당이 제일 먼저 창당했고 1957년 인도 최초로 공산당 정부가 수립된 곳이야. 케랄라주는 문맹률도 최저, 의료보험 제도도 최고 수준이래. 인도는 정치색이 다른 각양각색의 정당들이 있고 민주주의가 발달했는데, 이곳은 진보적인 분위기란 생각이 들더구나.

코치항을 상징한다는 중국식 어망이 놓인 곳에 도착했어. 작은 어선이 띄엄띄엄 정박해 있고 그물망은 바다를 향했어. 그물을 내리고 올리기를 반복하려면 네다섯 힘센 어부의 손길이 필요했지. 그런데 한참 건져 올린 그물에 쓰레기만 가득하고 물고기는 없네. 실제 물고기를 낚기보다 볼거리용인 듯 했어. 어망 고기잡이는 중국 광동성에서 내려오던 기술로 원나라의 쿠빌라이황제 때 전해졌대.

중국식 어망

코치 해변 산책로에서 본, 색 칠한 나무

해변 산책로를 따라 싱싱한 해산물을 파는 가게가 많아. 펄떡이다 집게발을 고무줄에 묶여 옴짝달싹 못하는 게, 어린아이 키만 한 생선, 싱싱한 새우, 눈에 익은 고등어도 있더라. 파란색, 초록색, 노란색, 빨간색 플라스틱 바구니에 담겨 있어서 더 싱싱해 보여. 해변 산책로 주변 나무에 예술을 입혔더구나. 크고 작은 기둥에 다채로운 색과 모양의 물고기를 그려 놓았어. 주변 담벼락과 건물벽, 그리고 버스에도 알록달록 그려 놓았어. 역시 코치는 예술의 도시야.

인도 최초 성당과 오백년간 미사를 드린 성당

걷다 보니 성 프란시스 성당이 보였어. 1503년 지은 인도 최초의
성당이지. 유럽인이 건축한 이 성당은 서양의 침략을 알리는 증표
이기도 해. 포르투갈 출신 항해왕 바스코다가마의 묘비와 초상화
도 성당 안에 있어. 성당은 아담하지만 코치가 겪은 근대와 현대의
아픔을 고스란히 기억한 곳이지.

배도 고프고 더위도 피할 겸, 갤러리 레스토랑에 들어갔어. 하얀
색 단층 건물에 황토 기와 지붕이 깔끔했어. 안으로 가니 원색을 과
감하게 쓴 그림이 걸려 있어. 아기자기하게 꾸민 정원에 이르니 하
얀 수염이 멋진 할아버지 화가가 뭔가를 그리고 있었단다. 예수나
성모 마리아를 그린 성화가 있고 낯선 여인의 얼굴도 있었어. 그림
을 한 점 사고 싶었지만 들고 다니기 무거워서 접었지. 할아버지 화
가와 나란히 사진을 찍었단다. 작품을 들고 있는 할아버지의 깊은
눈, 그리고 주름진 손에서 자기 삶에 열중해 온 인생을 읽었단다.

화덕에 구운 해산물 피자와 닭볶음밥 같은 치킨비리야니를 먹었
어. 아침도 걸러서 지쳤는데 맛있게 먹고 나니 기운이 솟고 눈에 힘
이 들어가더구나. 지금껏 먹어 본 피자 중 최고였거든.

배 부르니 또 걸었어. 수령이 수백 년은 돼 보이는 고목들이 장관
이야. 인도 그 어떤 거리보다 깨끗하고 예뻤지. 중심가 프린세스 스

트리트 상가의 벽면에는 해 뜨는 바다를 배경으로 갓잡은 물고기를 둘러싸고 앉아서 감사를 올리는 어부들이 그려져 있더구나. 벽화가 코치의 정체성을 담고 있었어.

골목을 돌면 산타크루즈 대성당이 눈에 들어와. 프란시스코 수도회에서 운영하는데 바로 옆에 학교가 있어. 마당에는 양 갈래로 머리를 땋고 파란 점퍼스커트와 하얀 블라우스에 하얀 양말과 검은 구두를 신은 여학생들이 선생님의 구령에 따라 제식훈련을 하듯 걸었어. 점심시간이라 문이 닫힌 성당 앞에는 여학생들이 삼삼오오 모여 앉아 재잘거리고 있더구나. 호기심과 웃음 많은 여학생들에게 다가가는 방법은 역시 알록달록한 스티커였지. 하트·꽃 모양

산타크루즈 대성당 앞 여학생들

스티커를 손등에 붙여 주고 이름도 물어보고 뭘 좋아하는지도 물어보았어. 영어 단어 몇 개와 간단한 문장으로 나눈 소통이었지만 활기찬 여학생들과 잠깐 동안 꽤나 웃었어. 내가 자기네 이름을 따라 불러 주는 게 재미있는지 깔깔거렸고, 나는 그 모습이 예뻐서 또 따라 웃었지. 그런데 그곳에도 방탄소년단 팬이 있었어. 한류의 힘을 느꼈단다.

단순한 성당의 외부와는 달리 내부는 인도·유럽·고딕 양식이 어우러지고 연한 노란색으로 칠해서 화려해. 벽에는 성모 마리아 성화와 정교한 장식이, 천장에는 하얀 색 바탕에 십자가를 진 예수의 고통을 표현한 천장화가 있어. 화려하나 지나치지 않은 경건함이 었어. 성당은 1505년에 세워졌다가 1902년에 다시 지었대. 산타크루즈 대성당은 인도의 8대 성당인데, 같은 자리에서 500년 동안 미사를 드린 성당인 거지.

여러 신을 모시는 인도에서 기독교는 믿는 인구가 적지만 사회에 기여를 많이 한다고 해. 우리나라에 기독교가 들어온 초기에는 구습을 퇴치하고 여성교육에 힘썼는데, 인도에서도 마찬가지인가 봐. 대성당이 세워진 곳은 대부분 가까이에 학교가 있더구나. 그러나 정부가 선교교육을 금해서 개종을 요구하지는 못한대.

오후 기온이 오르면서 더워지니까 걷는 게 힘들더구나. 오토릭샤를 탔어. 50루피(약 850원)를 내고 마탄체리 궁전으로 가는 길에 유대인마을을 지났어. 코치에 유대인이 언제부터 살았는지는 정확히 알 수 없어. 다만 바벨론의 느부갓네살왕이 예루살렘을 공격할 때 유다 왕국이 망하면서 피난을 왔거나, 향신료를 무역하던 유대인이 정착했을 거라는 설이 전해질 뿐이야. 500여 가구가 모여 살았는데 1948년 이스라엘이 건국되면서 대부분 돌아가고 지금은 소수의 가구만 남아 유대인마을의 명맥을 유지하고 있대. 그래도 이 마을을 지나다 보면 유대인이 남긴 골동품을 구경할 수 있단다.

• 포르투갈의 항해왕 바스코다가마는 왜 코치에서 죽었을까?

포르투갈의 대항해시대를 열었던 바스코다가마는 유럽에서 최초로 인도로 직접 가는 항로를 발견했어. 1502년 바스코다가마는 포르투갈 함대 사령관으로 인도 고아항구에 도착했을 때 아랍인의 배를 습격했어. 배에는 비무장 선원은 물론 어린이와 여자들까지 300~400명이 타고 있었는데, 배에서 내리지 못하게 가둔 다음 불에 태워 전부 죽였어. 포르투갈과 교역을 거부하는 도시를 폭격하고 시민들의 손·발·귀를 자르는 참혹한 짓을 저질렀어. 바스코다가마는 유럽인으로 아시아를 공격한 최초의 식민주의자이자 제국주의자로 불리지.

바스코다가마는 1524년 포르투갈의 인도 총독으로 임명되어 코치에 왔다가 말라리아에 걸려 죽게 돼. 그의 주검은 성 프란시스코 교회에서 12년간 묻혀 있다가 고향인 포르투갈의 리스본으로 보내졌단다.

왕족의 유물과 특별한 그림이 있는
마탄체리 궁전

마탄체리 궁전은 1555년 코치에서 무역 허가를 얻고 싶었던 포르투갈 상인들이 당시 통치자에게 뇌물로 바친 건물이야. 1663년 궁전에 부식현상이 생기자 케랄라주의 군주가 네델란드 장인을 불러 보수했대. 그 후로 이곳을 네델란드인의 궁전이라고 부른대.

궁전 안은 사진촬영이 금지야. 현재 궁전은 박물관으로 사용하고 있는데 2층에는 힌두교 서사시인 〈라마야나〉와 〈마하바라타〉의 전설을 담은 벽화가 있어. 인물의 표정과 화려한 색감에 눈을 뗄 수 없어. 당시 사용하던 가구와 가마, 칼, 동전 그리고 왕과 왕비의 초상화도 있는데 사실적인 묘사라 눈을 보면 말을 걸어도 되겠다 싶어. 보석이 박힌 왕관, 금실로 정교하게 짠 옷은 화려함의 극치야.

은밀한 지하공간으로 빨려들 듯 1층 전시장으로 내려갔어. 목동과 흥겹게 노는 크리슈나신, 동산에서 사랑을 나누는 갖가지 동물 그림이 있어. 야한 그림이라 자세히 묘사하긴 민망하지만 사슴·양·소가 짝짓는 모습과 눈동자가 풀려 황홀해 하는 코끼리 한 쌍의 표정은 정말 흥미롭더라. 발바닥에 물집이 잡히고 피곤해서 망설였는데 언제 다시 오겠냐며 마음을 다독이며 오길 잘했다 싶었어.

다시 오토릭샤를 타고 해변 가까이로 이동했어. 포트코친은 휴양

지라 고급 리조트와 레스토랑이 해변을 따라 자리해. 개방된 리조트에서는 바다로 연결된 테라스에서 멋진 풍경을 즐길 수 있지. 주변 골목길도 기웃거렸는데 소박하고 정감 어리지만 깊숙이 가진 못했어. 낯선 여행지에서는 누군가가 잠재적인 가해자가 될 수 있어. 경계하면서 자신의 안전을 지켜야 하니까.

오후 5시가 넘어 GREENIX빌리지 까따깔리 공연장을 찾았어. 공연장 안의 작은 박물관에는 까따깔리의 역사와 등장인물의 복장, 손짓이 담고 있는 의미를 알 수 있게 실물 크기의 인형을 세워 놨어. 까따깔리는 인도를 대표하는 4대 무용 중 하나야. 드라마라는 뜻의 '까따'와 음악이라는 뜻의 '깔리'가 합쳐진 말인데 음악에 맞춰 표정과 손짓, 행동으로 표현하는 무언극이지. 내용은 힌두 신화인 〈라마야나〉와 힌두 왕족의 권력 쟁탈전을 다룬 〈마하바라타〉에 나오는 이야기야. 전체 내용을 다 보려면 9시간은 족히 걸리는데, 여행자에게는 분장까지 합쳐 2시간 내로 하이라이트만 보여 줘.

공연은 6시에 시작하지만 미리 가서 박물관과 갤러리에 전시된 작품들을 감상하고 공연 연습하는 모습도 봤어. 배우들은 공연 한시간 전에 무대 위에서 분장을 시작해. 꽃과 돌에서 추출한 천연염료에 코코넛오일을 섞어 정성껏 분장하더군. 배우의 성격은 분장에 다 드러나. 녹색은 크리슈나신, 검은색은 악마야. 그런데 간혹 악마가 변장을 하는 캐릭터도 있지.

본 공연이 열리면 가수가 음에 맞춰 배경을 설명하면서 한 곡을 뽑아. 연주자가 옆에서 장단을 맞추지. 배우는 과장되지만 섬세한 표정으로 '무드라'라는 손짓을 보내. 특히 표정은 미세한 감까지 놓치지 않을만큼 섬세해. 눈썹을 씰룩이고 눈동자를 뱅글뱅글 자유롭게 돌리는데 근육 하나하나의 떨림에도 의미가 있더구나. 온몸으로 하는 묘사가 놀라워서 탄성이 절로 나와. 이날 공연은 아름다운 여인으로 변신한 악마가 왕을 유혹했지만 왕은 끝내 혹하지 않고 악마를 물리친다는 줄거리야. 무대에 올라가는 배우는 다 남성과 소년들이야. 여자 역할도 남자들이 다 맡는 게 특징이란다.

공연이 끝난 후 관객은 기립박수를 보냈고, 배우는 관객을 무대로 올라오게 해서 사진을 함께 찍게 했어. 공연은 수준 높았어.

까따깔리 공연 전 분장하는 배우들

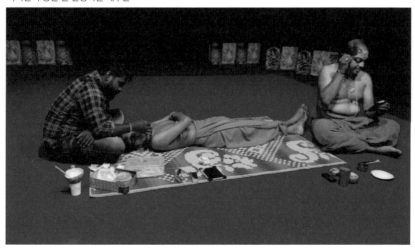

• 힌두 신화 〈라마야나〉는 어떤 내용일까?

〈라마야나〉는 '라마왕의 일대기'라는 뜻의 산스크리트어로 된 고대 서사시야. 지智·인仁·용勇을 갖춘 코살라 왕국의 왕자인 라마가 마왕 라바나에게 빼앗긴 부인 시타를 도로 빼앗는다는 내용이야. 계모가 자기가 낳은 아들 바라타를 왕위에 앉히려고 계략을 썼고 라마는 왕위 계승권을 빼앗기고 궁궐에서 쫓겨나. 아내 시타와 동생 락슈마나도 라마를 따라 나와 14년을 숲에서 살게 되지. 어느 날 랑카의 마왕 라바나가 시타를 납치해 가. 라마는 동생과 함께 그녀를 구하러 나서지. 도중에 원숭이 왕과 동맹을 맺고 그의 장수 하누만의 도움으로 랑카에 도착해. 라마는 격렬한 싸움 끝에 라바나를 죽이고 시타를 구한 뒤 코살라 왕국으로 다시 돌아가. 코살라 왕국은 북인도 히말라야 근처에 있고 랑카는 오늘날의 스리랑카야. 얼마나 험난한 여정이었을지 상상해 보렴.

백성들은 라마를 환영하고 바라타 왕은 라마에게 왕의 자리를 물려주지. 그런데 사람들이 수군거렸어. 아무래도 시타 왕비가 마왕에게 희롱당해 더럽혀졌을 거라고 말이야. 라마도 의심이 생겼고 백성의 뜻을 거부할 수 없어서 시타와 헤어져. 시간이 흘러도 라마는 사랑하는 아내 시타를 잊지 못해 그녀를 다시 찾지. 그러나 시타는 이 세상에 없었지. 시타는 순결이 증명되면 땅의 신이 받아줄 거라고 말했는데, 진짜로 순결이 입증되면서 땅속으로 사라졌단다. 라마는 의심한 걸 후회하고 슬퍼하며 죽기까지 재혼하지 않고 훌륭한 왕이 되었다는 이야기야.

수로의 도시
알레피Alleppey

코치에서 남쪽으로 버스를 타고 2시간을 가면 '동양의 베니스'라고 부르는 알레피가 나타나. 우거진 나무 숲 사이로 잘 놓인 수로가 모세혈관처럼 온 도시로 퍼져 있단다.

알레피의 첫인상은 초록의 숲과 수로가 주는 시원함이었어. 하우스보트를 타러 선착장으로 가는 길에 수로 옆 흙길을 걸으니 어릴 때 시골 외갓집을 찾아가는 기분이 들더군.

알레피의 수로를 오가는 하우스보트는 대나무와 야자수잎으로 만들어. 나무줄기를 천으로 직조하듯 특이한 문양으로 장식한 배도 있어. 수로 유람선을 타고 하룻밤 자며 여행할 수도 있고 3시간 정도 타고 내려도 돼. 짧은 시간을 타면 비용은 더 저렴해.

예약한 하우스보트를 찾아 승선했지. 보트는 신발을 벗고 타. 갑판 앞에서 키를 잡은 하얀 콧수염의 선장이 미소로 반겼어. 갑판 안에는 둥근 식탁과 의자가 놓였어. 하우스보트는 가정집처럼 아늑하고 편안했지. 제일 먼저 서비스라며 시원하고 새콤한 주스를 내오더라. 배 안에는 침실, 수세식 화장실, 식당이 있어. 2층으로 올라가면 큰 방이 나오는데 방 가운데에 수로를 조망할 수 있는 탁자와 의자가 놓여 있어. 2층 난간에 기대 앉아 수로를 보고 있노라니 가슴이 뻥 뚫렸어.

보트를 메어 놓은 밧줄이 풀리고 선장이 핸들을 돌리자 보트가 미끄러지듯 움직였어. 코코넛나무가 죽 늘어선 수로 사이를 가노라니, 새소리와 보트가 지나가는 물소리만 들리네. 코코넛나무와 야자수, 파란 하늘과 잔잔한 호수, 고요히 흐르는 강물, 수로를 채운 부레옥잠, 유유히 지나가는 하우스보트, 그리고 수로 옆 마을의 한적한 정취. 평안함과 쉼 그 자체였어.

사람은 평화로운 자연 속에서 힘을 얻고 새롭게 태어난다고 봐. 미움 대신 사랑, 욕심 대신 비움과 나눔을 생각하게 되니까. 스트레스와 크고 작은 마음의 상처가 쌓이면 어느 순간 한계점을 넘게 되고 몸이 아프지. 마음의 병이 육체를 갉아먹는다고나 할까. 그런데 마음이 아플 때는 자연을 만나면 도움이 된단다. 어른들이 좋아하는 TV프로그램 중에 '나는 자연인이다'가 있는데, 출연자들은 공통적으로 사업 실패나 인간관계에서 상처받아 고통을 겪지만 산속에 들어가서 건강해졌다고 해.

알레피의 수로 하우스보트

　수로 유람에 푹 빠져 있는데 누군가 유럽에서 유행하는 팝송을 크게 틀었어. 당사자는 함께 들으면 좋겠다 싶겠지만 여러 사람이 탄 보트 안이기에 동의를 구해야 했지. 얘기 할까 말까 몇 번을 망설였어. 다시 오기 어려운 남인도 수로 여행에 팝송 대신 고요와 한적함이 더 필요했기에 나는 용기를 냈단다. "수로 유람에서는 노래를 듣기보다 새소리와 물소리 같은 자연의 소리를 듣고 싶어요."라고 말했어. 그분도 내 의견을 받아주었어. 다시 고요함 속으로 흘러들어갔어.

　보트를 타고 지나면 현지인의 삶을 엿볼 수 있어. 오전 시간인데 할머니가 수로에 낚싯대를 기울여 물고기를 잡더구나. 빨래를 헹구느라 다리를 반쯤 담그고 서서 부지런히 손을 움직이는 여인도 있고, 목욕하는 남자도 보였어. 어디선가 음률이 실린 기도 소리도 들렸어. 하얀 힌두 사원 건물에서 뿌자 의식을 치르나 했지. 좀 더 지나가니까 이번엔 결혼식을 하는지 알록달록한 옷을 입은 사람들이 흥겨운 음악에 맞춰 북적이더라.

보트 1층 식당에서 선원과 요리사가 차린 남인도 전통 식사를 대접받았어. 처음 보는 뚱뚱한 쌀밥과 비트소스, 생선구이, 볶음밥, 커리, 매콤한 치킨 그리고 야채와 감자볶음을 맛있게 먹었지. 후식으로 나온 달달한 연유죽 같은 것에는 몰캉몰캉한 알이 씹혔어. 남인도에선 후식으로 꼭 달콤한 걸 먹어. 음미해 보니 달달한 음식이 강한 향신료 향을 잡아줬어. 어디서나 음식에는 그 지역의 자연과 문화가 담겨 있어. 남인도는 육식을 금하는 종교적인 풍속을 지키며 3모작으로 얻은 풍부한 쌀과 채식을 주재료로 한단다.

수로 유람은 쉼과 낭만적인 정취를 느낄 수 있는 선물이었단다. 남들은 여행을 떠나는 나를 팔자 좋은 사람이라고 부러워해. 떠나지 못하는 입장에서는 당연히 그러겠지. 나는 몇 년 전만 해도 심장 기능이 나빠 죽음의 고비를 넘기는 병원생활을 해야 했어. 성장기에는 어려운 집안 형편 때문에 불안한 삶을 살았지. 지금도 풍족하지는 않아. 그런데도 여행을 떠나는 것은 만만치 않은 인생의 여정에서 용기를 얻고 재충전하기 위함이야. 더 머무르고 싶었지만 다음 일정을 위해 아쉬움을 안고 알레피를 떠나야 했어.

• 케랄라주의 하우스보트는 원래 쌀 수송선이었다고?

남인도 서쪽에 위치한 케랄라주는 아라비아해와 접한단다. 케랄라주에 속한 코치, 알레피, 쿠타니드, 꼴람이라는 도시는 바로 아라비아해안 옆이야. 그런데 아라비아해는 파도가 세기로 유명해. 배들이 항해하다 거친 바다에서 풍랑을 만나 침몰하는 사고가 잦았거든. 사람들은 안전한 항로를 확보하기 위해 해안과 가까운 육지로 우회하는 수천 킬로미터의 수로를 낸 거야. 바다를 비켜 지나니 작은 배는 훨씬 안전하게 다닐 수 있었지. 요즘에는 철로가 연결되었지만 옛날에는 도로 사정이 좋지 않아 수로를 통해 쌀과 차와 물자 그리고 사람을 날랐어. 하우스보트 역시 과거에는 수로를 오가던 쌀 수송선이었지. 이젠 관광용으로도 사용하고 있단다. 알레피만 해도 허가받은 하우스보트가 3,000개가 넘는대.

절벽 해안이 아름다운 마을
바르깔라Varkala

인도에서 아름다운 해변으로 손꼽히는 바르깔라로 출발했어. 버스로 4시간 정도 이동했지. 길은 정겨웠어. 벼가 익는 논과 바나나 농장, 야자수 아래 일손 바쁜 사람들의 모습이 보기 좋았어. 상점의 처마마다 이런저런 물건들이 주렁주렁 매달려 있어서 꼬마였을 때 다니던 동네 구멍가게 같았어.

오후 4시가 넘어 바르깔라에 도착했어. 바르깔라는 작고 아담한 해변 마을이야. 아라비아해를 따라 길게 15미터 높이의 황톳빛 절벽이 이어졌지. 여행자들의 쉼터를 갖춘 집들이 절벽 위에 마을을 이루었고, 해변으로 닿는 좁고 가파른 샛길과 터널처럼 울창한 나무숲이 아름답더구나. 고운 모래와 철썩이는 파도가 어우러진 백사장은 보기만 해도 흥분되었어. 이 곳의 일몰은 꼭 한 번은 봐야 할 거야. 여기에 2,000년의 오랜 역사를 품고 있는 힌두교 성지 자나르다나 스와미 사원이 기다리고 있어.

바르깔라 절벽 해안에서 만난 사람들

짐을 풀고 바로 바르깔라 해변으로 갔어. 오후 6시 22분이 일몰이라 들어서 서둘렀지. 백사장에는 삼삼오오 모여 사진을 찍거나 밀려오는 높은 파도 속에 뛰어드는 이들도 꽤 됐지.

모래 위를 걷다가 꼬마를 만났어. 한눈에도 장난꾸러기 남자아이야. 세 살 쯤 먹었을까. 엄마 앞에서 자기 팬티를 벗었다 입었다 하며 노는 거야. 여행객에게 바람개비를 팔던 엄마는 아이를 혼내면서도 웃고 있지. 무척 귀여워서 다가갔어. 요런 꼬마를 만나면 주려고 비눗방울 장난감을 가지고 다녔거든. 내가 먼저 비눗물 막에 바람을 후 불어서 방울을 키웠지. 방울 방울 사방으로 퍼졌어. 아이 눈이 동그랗게 커지고 신기해서 어쩔 줄 몰라 하는 거야. 아이에게도 건넸지. 제 입으로 불어 동그란 비눗방울들이 연속 나오니 아이는 펄쩍펄쩍 뛰더구나. 이를 지켜보던 아이 엄마가 팔던 바람개비와 바꾸자고 했어. 나는 이미 아이에게 선물로 준 거라고 말했지. 그날 하루 아이 엄마는 바람개비를 몇 개나 팔았을까. 초라한 옷차림으로 봐선 그리 넉넉하지는 않겠더구나. 부자는 아니더라도 누구나 끼니 걱정이 없다면 얼마나 좋을까.

바르깔라 해변 절벽 위에서 만난 일몰과 시인 가족

　절벽에서 일몰이 가장 멋지다는 장소를 찾아 올랐어. 길이 제법 가파르고 아주 좁은 계단을 통과해야 하지만, 들려오는 파도소리가 마음을 풀어 주더구나.

　힘들게 오른 절벽 위는 별천지야. 레스토랑과 기념품점에서 켜 놓은 휘황찬란한 조명이 들뜨게 했단다. 절벽 위에 놓여진 긴 의자마다 사람들이 일몰을 기다리고 있더구나. 절벽 위에서 내려본 바다는 드넓었어. 앞서 와 있던 현지인이 외국인이라며 자리를 좁혀 의자에 앉게 배려해 주더구나. 무슬림인지 검은색 차도르를 입은 젊은 여인은 휠체어에 앉아 있고, 함께 온 가족도 앉거나 서서 바다를 바라보며 땅콩을 먹었어. 옆에 앉은 나에게도 금방 볶아 낸 듯 따뜻한 땅콩을 한움큼 건넸어. 어디서 왔냐고 인사를 나눈 뒤 사진을 찍자 해서 다정한 친구처럼 어깨동무를 했지.

그런데 휠체어 여인이 자신은 시인이라며 시집 한 권을 주는 거야. 나도 글을 쓴다고 소개하니 더없이 반가워했어. 자신의 이름은 나지마이고 트리반드룸에서 왔는데 친구와 자연, 가족을 주제로 시를 쓴대. 곁에 있던 가족은 신문과 TV에 소개된 기사를 보이면서 뿌듯해 하더구나. 그녀가 산다는 트리반드룸 역시 인도 남서부 케랄라주에 있는 항구도시야. 금속·고무·제당 산업이 발달했는데 말라얄람어를 써. 시집도 말라얄람어로 써 있으니 읽을 수는 없지만 그녀의 맑고 선한 눈빛으로 봐서 분명 사람들에게 희망을 주는 맑은 샘물 같은 시일 거야.

헤어질 때 그녀는 특별히 부탁을 했어. "저는 선천적인 장애를 앓고 있어요. 골반 수술을 받으면 완쾌는 아니지만 호전된답니다. 저를 도와주세요. 앗살라말라이쿰(감사합니다)!"

안타깝지만 해 줄 게 없어 미안했어. 다만 이 드넓은 아라비아해가 그녀의 소망과 아픔을 다 품어 주기를 바라며 헤어졌단다.

절벽 위로 늘어선 가게를 따라 걸으면 해산물을 파는 식당을 만나. 흥정이 끝나면 손님이 고른 생선을 즉석에서 요리해 주는 곳이야. 나도 방어 종류의 생선을 구워 달라고 한 뒤 기다리는 동안 주변 상가를 기웃거렸어. 힌두교 성지인 이곳에도 다양한 종교를 믿는 사람들이 장사를 하더구나.

수제직물 가방이 예쁘게 진열된 한 가게에 들어갔더니 무슬림 청년이 예배를 드리고 있었어. 사우디아라비아에 있는 성지 메카를 향해 절하는 일몰 직후 예배였지. 손님이 있든 없든 상관없이 한 평 크기의 카펫에서 코란을 암송하며 반절과 큰절을 반복했어. 무슬림이 홀로 예배하는 모습을 눈앞에서 보기는 처음이었지. 무슬림은 하루에 다섯 번이나 예배를 드리고, 그때마다 성찰의 시간을 갖는대. 이 시간에 진정을 다한다면 삶을 무의미하게 흘려보내지 않고 충실할 것 같아.

이번엔 '티벳인의 집'이라는 상점에 들어갔어. 인도령 북쪽 라다크에는 우리와 같은 얼굴인 몽골리안이 살아. 라다크에서 온 사람인지는 모르지만 외모는 비슷해. 코끼리 그림을 수놓은 가방을 다섯 개 샀어. 여행 떠난다고 용돈을 마련해 준 동생들에게 줄 선물이지. 가방을 여럿 팔게 된 주인이 기분이 좋은 듯 어디서 왔냐고 물었지. 한국, 중국, 일본은 자신과 같은 조상이라며 반기더구나.

파도소리를 들으며 구운 생선을 다 먹고 숙소로 향했어. 다시 절벽 아래로 내려가 해변을 지나야 했어. 그렇지 않으면 오토릭샤를 타고 좀 멀리 돌아야 하거든. 절벽 아래의 길은 가로등이 없어서 캄캄해. 까딱하면 다칠 수 있으니 휴대폰 불빛을 손전등 삼았지. 어둠이 깔린 백사장에는 여전히 현지인과 여행자가 붐비며 어둠 속 바닷가의 정취를 즐기고 있더구나.

힌두교 성지를 찾은 순례객

바르깔라는 매순간 아름다운데, 가장 흥미로운 시간은 이른 아침이야. 해변이라 태양이 내리쬘 때 사람이 많을 듯싶지만, 정작 북적거리는 시간은 이른 아침이거든. 낮은 자외선이 강하고 너무 더워. 아침 해변엔 하루를 여는 사람들이 각양각색이더군. 바다의 에너지를 빨아들이며 백사장 한 곳에서 요가하는 사람, 방망이를 신나게 휘두르며 크리켓을 즐기는 청년, 심지어 맨살을 다 드러낸 비키니 차림으로 활보하는 백인 여자도 있어.

하이라이트는 힌두교 순례자들의 의식이야. 백사장 한 켠의 무지개색 파라솔 아래로 하얀 옷을 걸친 순례객이 제를 드렸지. 음식과 꽃이 담긴 공양물을 놓고 기도하며 물을 온몸에 끼얹기도 했어. 순

바르깔라의 해변 순례자

례자는 이곳 물로 목욕하면 그동안 쌓인 죄가 다 씻긴다고 여긴대. 그래서 '죄를 없애준다'는 의미의 파파나삼해변으로 불리기도 해. 그러다 보니 현지인에게 바르깔라는 힌두교 순례지로 유명하지. 2,000년 역사를 자랑하는 힌두 사원 자나르다나 스와미 사원이 해변 입구 왼쪽에 있거든. 자나르다나 스와미 사원 입구는 들어가지 못하고 기다리는 사람들로 북적였어. 낯선 외국인을 생전 처음 보는 듯, 나를 뚫어져라 바라보는 사람도 많았지. 시선들이 내 온몸에 박혀도 불쾌하지는 않아. 호기심임을 아니까.

해변과 반대쪽에 있는 마을을 한 바퀴 돌았어. 오토릭샤 정류장 근처에서 연기가 나서 무슨 일인가 했더니 쓰레기를 모아 태우고 있더군. 이젠 이곳도 플라스틱 쓰레기는 골칫덩이야. 종이나 낙엽은 태워도 자연의 일부가 되지만 플라스틱은 땅을 오염시키니 말이야. 예쁜 카페와 아유라베다치료소, 요가수행을 배우는 집이 마을 곳곳에 있어. 마을 안쪽 힌두 사원 앞에 노천 목욕탕인 듯 마을 공동 수영장 같은 곳이 있는데 다들 몸을 씻더구나.

현지인들이 가는 식당에 갔어. 오후 1시 30분에서 2시 쯤이 현지인의 점심시간이라는데 오전 11시 30분쯤에 가니 식당은 한가하더구나. 탈리를 주문했는데 1인분에 120루피(약 2,000원)야. 남인도를 여행하며 먹은 탈리 중 최고였어. 향신료가 든 커리도 자극이 적고 입맛에 맞았거든. 저렴하게 맛난 한 끼를 먹어서 행복했단다.

오후 1시에 숙소를 떠나, 인도 대륙의 최남단 땅끝 도시인 카니야쿠마리로 가는 버스를 탔어. 인도는 주마다 법이 달라서 인도인이나 외국인이나 주의 경계를 넘으려면 신고하고 통행세를 내야해. 다른 나라에 들어갈 때 입국신고서를 쓰듯 말이야. 땅덩어리가 넓은 인도라서 한 주의 면적이 우리나라보다 넓은 곳이 많아. 신고를 위해 버스가 타밀라두주 검문소에 잠시 머물 때 화장실에 들렀어. 앗, 휴지통이 없는 화장실이지 뭐야. 버리지 못한 휴지를 들고 나오는데 문 앞에 있던 여종업원이 나에게 팔을 높이 들어서 무언가를 던지라는 포즈를 취하는 거야. 어리둥절했는데 알고 보니 주유소 아래쪽 옹벽으로 휴지를 던지라는 뜻이었어. 옹벽 밑엔 야자수 숲이 있고 하수구 오물이 얕은 하천으로 흐르는데 쓰레기가 널렸더라고.

몇 시간 전에는 케랄라주였는데 벌써 타밀라두주에 들어왔어. 타밀라두주는 케랄라주보다 낙후한 듯해. 쓰레기도 여기저기 쌓여 있고 현대식 건물도 잘 안 보이거든. 도로도 구불구불 울퉁불퉁하니 멀미도 살짝 나더라고. 볼 수 없던 산들이 눈에 들어왔는데 나무가 자라지 않는 돌산 같았어. 그 동안 사방이 확 트인 넓은 들이 많고 산은 드물었거든.

한 시간이 더 걸려서 다섯 시간만에 카니야쿠마리에 도착했어. 긴 시간 운전한 버스기사는 현재 서른다섯 살이고 열 살 된 아들이 있대. 고마워서 한국에서 준비해 간 열두 색 사인펜을 아들에게 주라고 선물했어. 버스기사는 또 다섯 시간을 밤새 달려 가족 곁으로 가야 할 거야. 별 것 아니지만 사인펜을 받은 아들이 그림을 그리며 아빠의 일을 알고 좋아하기를 바랐지.

버스 운전석의 앞 차창에 달아 놓은 장식품이 생각났어. 우리 단오제 때 풍물시장에서도 보던 건데 '드림 캐처'야. 대문 앞에 달아서 집 안으로 들어오는 악귀를 막고, 아이의 방문 앞에 달아서 아이가 악몽에 시달리지 않고 평온하게 잠이 들기를 바라는 용도야. 좌우로 흔들리는 '드림 캐처'로 오히려 버스 안에서 나는 정신이 없는데, 운전사는 방해가 되지 않는 듯했어. 같은 시대를 살면서도 어쩜 이렇게 받아들이는 게 다른 지 새삼스러웠지.

남쪽 땅끝 마을
카니야쿠마리kanyakumary

예약된 숙소에 차질이 생겨 저녁 7시를 훌쩍 넘겨 다른 숙소를 잡았어. 숙소 앞은 바다로 가는 길과 이어진 시장이라서 순례자들로 북적거렸어. 서울의 남대문시장처럼 갖가지 물건들과 제각각인 사람들로 가득했어. 각처에서 몰려온 순례자들의 차림새와 몸짓은 바라만 봐도 큰 구경거리야. 인파가 붐벼도 외국인은 눈 씻고 찾아도 없고 다 현지인들 뿐이지. 나만 구경하는 게 아니라 현지인들도 나를 구경하더라고. 인도에서는 가족행사나 순례 외에 생업을 뒤로 하고 여행하는 사람들은 드물다는구나.

저녁은 숙소 앞 채식레스토랑에서 마살라 도사와 버섯튀김을 먹었지. 힘이 났어. 밤거리는 불야성이야. 들썩거리는 난장을 지나 숙소로 들어와 잠을 청하는데, 굿당이 열린 듯 어디선가 금속악기 두드림과 주문 소리가 났지. 그 소리가 밤새 괴롭혀서 자는 둥 마는 둥 했어.

비몽사몽 그래도 아침이 되니 눈이 떠졌어. 카니야쿠마리의 특별한 일출을 봐야 한다는 강박이 작용했나 봐. 6시 30분 일출한다는 예보를 듣고 바닷가로 나갔어. 순례객 인파에 떠밀려 발을 옮겼지. 잠깐 사진을 찍다가 그만 꽈당! 앞으로 꼬꾸라졌어. 발밑에 과속방지턱 같은 불룩한 것이 튀어나와 있었던 거야. 다행히 무릎만 얼얼하고 다친 데는 없었어. 조심해야지, 경각심이 높아졌어. 해변가는 빼곡하게 들어차서 발 디딜 틈도 없었어. 차라리 숙소의 테라스나 옥상이 낫겠다고 판단하고 숙소로 돌아왔지. 4층 옥상에 올라가니 이미 여기도 많은 순례객이 모였어.

바다의 풍경이 한눈에 가득 차니 마음이 고요해지더구나. 잔잔한 호수인 듯 찰랑거리는 바닷물결은 여행자의 피로를 씻기고 긴장을 느슨하게 풀어 주었어. 불어오는 바람도 시원했지. 수평선 주변 하늘을 황금빛으로 물들이며 붉은 햇덩어리가 쑤욱 올라왔어. 오랫동안 동경해 온 대로, 인도 대륙의 땅끝에서 정말 일출을 본 것이야. 만감이 교차하더라.

인도 대륙 최남단의 땅끝 마을, 카니야쿠마리는 특별한 장소야. 인도인은 특이한 자연현상을 신성시하거든. 3면이 바다인 인도 최남단 카니야쿠마리는 서쪽의 아라비아해, 동쪽의 벵골만과 남쪽의 인도양, 세 바다가 합쳐지는 지역이거든. 인도인은 물이 합쳐지는

인도 최남단 땅끝 마을, 카니아쿠마리에서 본 일출

지점에 신이 깃든다고 믿어. 그곳에서 목욕하고 복을 빌고 화장한
시신의 유해를 뿌리면서 좋은 세상에 거듭나길 기원하지. 세 바닷
물이 뒤섞여 오묘한 색을 띠니까 힌두교의 성지가 되었을 거야.

　파도처럼 밀려드는 순례객을 보며 '인간에게 종교란 무엇인가'를
다시 묻게 되더구나. 종교는 사람들을 하나로 뭉치게 하지만 갈등
과 전쟁도 일으키지. 종교를 통해 삶의 의미를 얻지만 종교로 인해
공동체가 산산이 부서지기도 하거든. 종교로 희망을 얻고 기쁨을
누리지만 그 지나친 편견에 얽매여 배척하고 증오하지. 종교가 개
인을 구원하는 데 그치지 않고 인간의 존엄을 존중하며 서로를 잇
는 진정한 사랑의 길이 되기를 바랬지.

　숙소 옥상이지만 멀리까지 내려다볼 수 있어. 비베카난다 메모리

얼 바위섬으로 가는 배를 타려는 순례객의 줄이 선착장에서 시장 입구까지 길더군. 그들처럼 줄 서기보다 좀 늦춰야겠다 싶어 전날 먹었던 채식레스토랑에 들러 아침을 해결했어. 그리곤 출발했어. 이른 오전인데도 햇살은 뜨겁고 눈부셨지.

비베카난다 메모리얼은 힌두교 수행자 스와미 비베카난다가 명상을 통해 깨달음을 얻은 곳이야. 그는 인도의 과거와 현재, 미래를 통찰하고 개혁을 주장한 종교인이자 철학자란다. 1893년 세계종교회의에 힌두교 대표로 참여해서 진정한 종교의 의미를 서구인에게 알렸지. 바위섬에는 그의 동상과 기념관, 서점, 명상홀이 있단다. 선착장에서 약 500미터 정도 떨어진 섬에 가는 배를 타려고, 그렇게 긴 줄에 서야 하다니 숨이 막혔어. 한 시간을 기다려도 배를 탈 수 없을 것 같았지. 방법은 있었어. 현지인이 내는 요금의 10배인 200루피(약 3,400원)를 내면 별도로 마련한 입구로 들어갈 수 있어. 기다리는 시간을 돈으로 면제받았지.

섬으로 가는 페리호는 바닥이 평평하고 곳곳에 의자가 놓였어. 안전을 위해 주황색 구명조끼를 입어야 해. 예전엔 구명조끼조차 없었는데 수년 전에 배가 뒤집어져서 많은 사람이 죽었대. 그 후로 구명조끼를 비치했다는구나. 현지인 순례객은 한 번도 구명조끼를 입어 본 적이 없나 봐. 목에다 대충 걸거나 뒤집어 입었거든. 행여나 무슨 일이 나면 목숨 줄인데 그냥 두면 안 될 것 같아 주변 할머니와 할아버지의 구명조끼를 일일이 입히고 단단히 채워 드렸어. 작은 일에도 고마워하는 순박한 표정에 긴장했던 마음도 풀어지더구나.

도착하니 성스러운 곳이라며 누구나 맨발로 다녔어. 햇볕에 달궈진 바닥을 걷자니 맨발에 전해지는 따뜻한 감촉이 참 좋았지. 뜨겁다가도 하얗게 페인트를 칠한 선을 밟으면 신기하게도 시원했어. 아마도 하얀 색이 빛을 반사하기 때문일 거야.

비베카난다 기념관 옆 또 다른 바위섬에는 타밀의 셰익스피어로 불리는 시인이자 철학자 티루발루바르의 동상이 있어. 그는 힌두 경전에 나오는 이야기를 133장의 아름다운 서사시로 옮겼다고 해. 이곳으로는 배가 뜨질 않아서 비베카난다 기념관에서 바라보기만 했어. 카니야쿠마리의 해변과 푸른 바다의 아름다움을 간직하면서 섬에서 나왔단다.

• 비베카난다는 세계 종교회의에서 무슨 말을 했을까?

비베카난다(1862~1902년)는 인도 동부 지역인 캘커타의 유복한 크샤트리아 가문에서 태어났어. 총명하고 활동적인 청소년기를 보냈지만 카스트의 차별과 인습에 의문을 가졌지. 대학에서 서양철학·논리학·유럽 역사를 배우면서 형체 없는 신의 존재를 의심하게 되었어. 그러다 힌두 성자 라마크리슈나를 만나 신의 존재를 믿고, 수도승이 되어 히말라야와 인도 전역을 방랑하며 수행했단다.

마침내 인도 최남단 바위섬에서 큰 깨달음을 얻었지. 세 바닷물이 흘러와 합쳐지는 것을 보며 생각했을 거야. 다른 곳에서 발원된 강물도 결국은 같은 바다에 이르듯, 다른 종교를 믿는 사람도 같은 진리에 이르게 된다는 것이지. 1893년 비베카난다는 시카고에서 열린 세계 종교회의에 힌두교 대표로 참석하여 유명한 연설을 했단다.

"모든 종교의 진리는 같습니다. 기독교인은 힌두교도나 불교도가 될 수 없고, 힌두교도나 불교도 역시 마찬가지입니다. 각자 다른 종교를 존중하고 개성을 보존하고 성장해야 합니다."

그리고 당시 인도가 처해 있던 빈곤과 질병, 기근과 같은 비참한 현실을 해결하려면 서양의 교육과 기술을 도입해야만 극복할 수 있다고 했지. 요즘이야 흔한 주장이지만 당시에는 용기가 필요했어. 힌두교 수행자가 사회참여적인 발언을 한다는 것은 있을 수 없는 일이었거든. 시카고 종교회의 분위기 역시 자기 종교가 최고라는 독단에 빠져 성직자들 간에 말싸움이 난무했다고 해. 참석자들은 연설을 듣고 환호와 갈채를 보냈어. 그 후 비베카난다는 미국과 영국에 머물며 진정한 힌두교가 무엇인지 전했단다. 영국의 식민 통치를 받고 열등한 취급을 받던 당시 인도인에게 비베카난다의 활동은 자랑이었단다.

선착장과 난장을 지나 식당으로 갔어. 무척 더워서 머리가 뜨거운데 식당엔 에어컨도 없고 먼지 낀 선풍기만 천장에서 돌았어. 주문한 고등어는 향신료 가루를 듬뿍 발라 튀긴 탓에 겉이 시커멓지만, 새우와 야채를 담은 쌀국수는 국물이 담백했지. 적도와 가까워쉽게 부패하기 때문에 생선은 주로 튀겨서 주더구나. 배가 고프니까 뭐든 맛있어. 저녁에 야간열차를 타야 해서 간식으로 빨간 바나나와 청포도를 사서 숙소에 갖다 놓고는 쉴 틈도 없이 다시 나왔지.

꾸마리암만 사원 쪽으로 갔어. 시바신에게 평생을 바치기를 소원하다 죽은 처녀 깐야데비라는 여신을 모시는 사원인데 재래시장 한가운데 있어. 고푸람도 없고 좀 특이한 형태의 납작한 건물이야. 남인도에서는 사원 건물 주변을 세로 줄무늬로 붉은색과 하얀색 페인트를 칠해 놓기 때문에 어디서든 금방 눈에 띄어. 사원에 들어갈 때 남자는 웃통을 벗고 하의는 네모난 하얀 천 한 장을 접어서 바지처럼 입는 도티를 착용해. 힌두교인이 아니면 여신의 신상이 모셔진 데까지 들어갈 수 없어. 꾸마리 여신의 신상은 코에 다이아몬드 링 코걸이를 하고 있다네. 다이아몬드는 영원히 변하지 않는 시바신에 대한 사랑을 상징한대.

사원 옆에는 작은 추모비가 있어. 2004년 12월 남아시아에 대지진이 발생하면서 쓰나미가 생겼잖아. 그때 수만 명이 죽었지. 추모비의 모양은 대지진 당시 높은 파도가 삼킨 영혼이 불꽃이 되고 그

불꽃이 담긴 받침대를 받드는 손을 표현했어. 많은 재산과 목숨을 앗아간 재난을 잊지 말자는 추모비인데 신경 써서 찾지 않으면 놓칠 정도로 주변 수풀에 가려서 초라했어.

해변은 순례객과 여행객을 맞이하는 행상과 노점들이 즐비해. 어린이용 놀이기구도 있는데 한낮이라 손님이 없어 아저씨가 졸더구나. 옆에는 한 할머니가 화덕 위에 무쇠 솥을 걸고 그 안에 뜨거운 모래를 깔고 땅콩을 볶았어. 고소한 냄새에 빠져 한 봉지 샀지. 할머니는 자신이 해 온 장작으로 불을 땐다고 자랑하듯 보여 주더구나. 할머니의 표정이 유능한 장사꾼 같으면서도 정감이 갔어.

인도의 땅끝 이정표라 할 정사각형 지붕의 정자는 16개의 돌기

인도의 땅끝을 표시하는 정자

둥이 받쳤어. 정자에 쉬는 사람들이 빼곡해서 앉을 자리가 없었어. 간신히 계단 끝에 앉아 더위를 식혔지. 아무리 더워도 그늘진 곳은 시원하니까. 눈앞에서 일이 벌어졌어. 청바지를 입은 청년이 여자들의 머리 장식용 만능 머리핀을 팔았는데, 손놀림에 따라 머리 모양이 이렇게 저렇게 다채롭게 변하더라고. 볼만했지.

산책로를 따라 걷다가 계단을 내려가니 바로 고운 모래와 바위가 있는 바다야. 바닷속이 훤히 다 보였어. 철썩이는 파도에 몸을 맡겨 노는 아이들은 즐거운 비명을 질렀고, 윗옷을 벗어 던진 남자들과 사리를 입은 여자들이 바닷물 속에서 어울렸어.

모래사장에 서 있던 청년들이 사진을 찍자고 했어. 이곳에선 외국인이 드문지 사진 찍자는 사람들이 너무 많아. 이렇게 잠깐씩 현지인과 나누는 소통도 여행의 즐거움인지라 바로 응했어. 물놀이하던 아이들과도 사진을 찍고 스티커를 아이 볼에 붙여 주며 밀려오는 파도에 바지가 흠뻑 젖는 줄도 모르고 깔깔거렸어.

근처 간디만다빰에 갔어. 바다에 뿌리기 전 간디의 유해가 머물던 곳에 지은 기념관이야. 신발을 맡기고 맨발로 들어가야 해. 밖은 덥고 와자지껄한데 안은 시원하고 경건한 분위기야. 간디의 생일인 10월 2일이 되면 유해를 놓았던 자리에 햇빛이 들게 설계했대. 간디의 활동을 다룬 사진을 주로 전시했어. 간디에 대한 인도인의 존경과 자부심은 대단해. 인도 지폐에는 모두 간디가 들어 있거든.

인도의 지폐 속 간디

　간디기념관 옆에 '남인도의 간디'라고 불리는 정치인 까마라즈의 기념관도 있단다. 간디기념관에 비해 찾는 이가 적어서 순례객의 쉼터가 되었어. 돌로 지어 어두컴컴하지만 넓은 사각형 방이 시원하거든.

　숙소에서 잠시 쉬었다가 짐을 꾸려 카니야쿠마리 기차역으로 갔어. 오후 6시 10분에 출발한 기차는 밤 11시 30분에 마두라이역에 도착했어. 밤인데도 여전히 후끈했지. 숙소까지 가방을 끌고 밝은 대로변을 따라 10분 가량 걸었어. 골목길이 지름길이지만 밤이라 위험할지 몰라서야. 숙소 앞에 대형 쇼핑센터도 있고 식당도 많아서 편리하고 안심이 되었단다. 무더운 곳이라 온수는 아침 시간에만 제한적으로 나온다고 해서 간단히 씻고 잠을 청했어.

• 힌두교는 어떤 종교일까?

힌두교는 약 4,500년 전 인더스문명이 발생한 인도 북서쪽(현재 파키스탄)에서 시작되었는데 창시자는 따로 없어. 예배 장소는 다양해. '만디르'라는 힌두교 사원, 집에 있는 사당, 길가나 들판의 나무 밑에서도 예배를 드려. 여러 신을 섬기거나 하나의 신만을 섬기기도 하고 아예 특별히 지정한 신이 없기도 해. 힌두 사원에 가지 않아도, 힌두교의 경전을 몰라도 괜찮아. 기독교인이 교회나 성당에 모이거나, 이슬람교도가 모스크에 모이는 것과는 달리, 힌두교는 혼자 신을 만나고 혼자 기도해.

신을 믿고 해탈에 이르는 길도 하나가 아니야. 계율이나 규범을 잘 지키거나, 착한 행동을 하거나, 제사를 지내고 명상이나 고행하는 것도 다 신에게 이르는 방법이야. 이것도 좋고 저것도 좋고, 종교적 금기가 없어.

힌두교는 사람이 죽으면 영혼이 다른 사람의 몸으로 다시 태어난다고 믿지. 이것을 '윤회'라고 하는데, 사람이 아닌 개나 소 같은 동물로도 태어날 수 있어. 힌두교도의 최고 목표는 윤회의 사슬을 끊고 해탈을 얻는 것이야. 어떤 형태로든 다시 태어나지 않는 것이지. 현생의 삶은 전생에서 어떻게 행동했는가에 따른 결과로 봐. 이것을 '카르마(다르마)' 또는 '업'이라고 하지. 원인이 있기 때문에 결과가 있다는 인과법칙이야.

힌두교는 윤회와 업을 바탕으로 자신이 처한 계급을 벗어나려고 애쓰기보다는 운명으로 받아들이고 현실에 만족하며 각자 자신에게 주어진 의무를 다하는 게 구원에 이르는 길이라고 가르쳐.

남인도 동부 해안

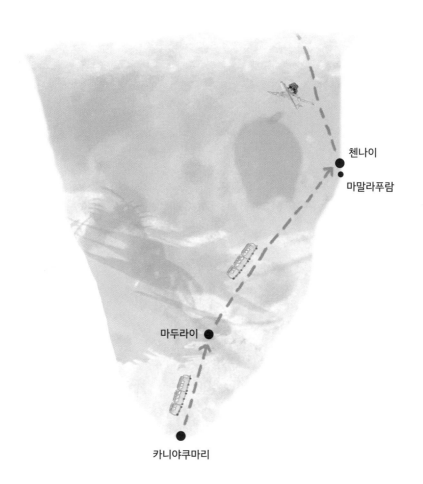

첸나이

마말라푸람

마두라이

카니야쿠마리

드라비다인의 문화가 깃든
마두라이Madurai

타밀나두주의 마두라이는 2,000년 전 판드야 왕국 때부터 고대 로마와 무역하며 경제력을 키운 도시야. 11세기 이슬람 침략군이 마두라이에서 612마리의 코끼리와 2만 마리의 말, 수많은 금과 진주를 전리품으로 빼았아 갔다는 기록이 있어. 그야말로 대단한 부를 축적했던 곳이지. 마두라이는 이슬람과 힌두 문화가 섞인 북인도나, 영국의 식민 통치기에 발달한 도시들과 다르게 인도 고유의 힌두 문화를 잘 지켜온 곳이란다.

남인도 최고의 힌두 사원
스리미낙시

아침 9시 마두라이의 상징이자 남인도 최대의 힌두성지인 스리미낙시 사원으로 향했어. 힌두 문화의 예술·건축·기술이 고스란히 담긴 곳이야. 입구부터 그 규모와 색채에 압도된단다. 사원은 동서남북 방향으로 4개의 고푸람이 서 있는데 동쪽 메인게이트 고푸람이 제일 높아. 무려 높이가 52미터나 되지. 사원에 들어가려면 맨살이 드러나면 안 되고 맨발이어야 해. 그뿐 아냐. 휴대폰과 가죽제품, 담배도 지닐 수 없어. 입구에서 남녀 따로 줄을 세워 몸수색과 가방 검사까지 철저히 한단다.

하루 1~2만 명씩 찾는다는 순례객은 이른 시간인데도 길게 줄섰어. 단체인지 비슷한 옷을 입고 온 사람들도 있고 가족으로 보이는 사람들도 있었지. 입장권을 구해 들어갔는데 먼저 온 순례객으로 북적북적했어. 힌두교인만 입장하는 성소로 가는 쪽은 줄이 더 길어. 폭이 좁고 긴 통로인 회랑을 따라가다 보면 연못이 나와. 몸과 마음을 정화시켜 준다는 여신의 황금연못인데 신전의 기둥과 파란 하늘과 사원의 정경이 비치더구나.

사원 내부는 각종 종교의식을 치르면서 피어오르는 연기와 향냄새가 자욱했어. 또 북적이는 순례객들의 주문 외우는 소리와 기도 소리로 웅성거렸어. 사람들은 자신에게 맞는 신 앞에서 기도하거나 정성을 담아 절을 한단다. 시바신이 타고 다녔다는 난디, 시바의 아들 가네샤, 시바의 링가, 미낙시 등 그들의 상 앞에서 소원을 간절히 빌지. 신전의 벽과 기둥에는 춤추는 시바와 노래하는 신 등 형

형색색 수많은 조각 장식이 있어. 고개를 들어 천장을 보면 화려한 색채의 그림도 있단다. 천장엔 주로 둥근 원형의 꽃 그림이나 중심이 같은 원이 반복되는 만다라, 여러 상징적인 뜻을 담은 그림 등이 있어. 전깃불 없는 어두운 공간에서 촛불과 원색의 그림이 어울려 묘한 신비함을 자아내. 어딘가에 신이 있을 듯한 기괴한 기운이 감돌았어. 미로처럼 복잡한 공간을 맨발로 걷다 보니 발바닥에 닿는 느낌이 찐득했어. 오랜 세월 얼마나 많은 순례객이 다녀갔을까. 그들이 남기고 간 체취와 땀은 빠져나가지 못하고 고스란히 바닥에 켜켜이 쌓여 기름을 먹여 놓은 듯 반들반들했단다.

사원에는 '천 개의 만다파'라는 예술박물관도 있어. 만다파는 인도 힌두 건축 양식인데 기둥이 죽 늘어선 홀을 말해. 이곳 958개 돌기둥엔 갖가지 모양의 신, 동물의 조각, 번쩍이는 금, 화려한 색의 그림이 그득하지. 춤추는 시바신의 조각도 많은데, 시바가 추는 108가지 춤 동작 하나하나에는 저마다 뜻이 담겨 있대. 신을 향한 믿음이 얼마나 간절하면 이런 신전이 탄생할까. 어려움을 당해 누군가에게 마음을 털어놓으면 후련하듯 신에게 의지하는 사람도 마찬가지일 거야. 자신이 짊어질 삶의 무게를 신에게 고하면 조금이나마 그 짐이 가벼워지고 위로가 될 테니 말이야.

사원을 둘러보는 시간이 여행자에겐 한정될 수밖에 없어서 아쉬웠어. 다시 방문하기 어려운 사원이라고 생각하니 바로 나올 수 없

마두라이의 스리미낙시 사원

더구나. 여운을 좀 더 붙잡고 싶어 동쪽 고푸람이 잘 보이는 곳 바닥에 털썩 주저앉았지. 고개를 젖히고 하늘을 찌를 듯 서 있는 고푸람 꼭대기를 쳐다보았어. 기단은 견고한 석재로 받치고 탑의 몸은 벽돌로 쌓았어. 그 위로 힌두 신화 〈라마야나〉와 〈마하바라타〉에 나오는 3만 3천의 신과 악마, 동물을 표현한 조각은 표정이 살아 있고 화려한 채색은 넋을 뺄 만큼 감동적이야. 어떻게 저렇게 높은 곳에 복잡 미묘한 동작과 표정을 새기고 칠했을까. 화려한 채색의 원료는 천연염료라는데 어디서 저렇게 많은 양을 구해 왔을까. 오랜 세월이 지나도 변함없이 색을 유지하는 비결은 뭘까. 기중기나 타워크레인도 없던 시대에 어떻게 그리 높은 곳까지 돌과 조각품을 끌어 올렸을까. 상식적으로 이해할 수 없는 일을 믿음과 열정으로 해낸 장인의 예술혼이 대단하다 싶고, 그 후손인 인도가 가진 종교와 문화의 힘에 새삼 고개를 숙였지.

• 시바신은 왜 매일 미낙시의 신전을 찾아오는 걸까?

'미낙시'는 물고기 눈을 가진 여신인데 풍요를 상징해. 미낙시가 시바신을 만나 결혼하기까지 이야기를 들어 보렴. 2,000년 전 판디아 왕국의 왕은 시바를 위한 거대한 사원을 건축하기로 했대. 그런데 왕에게는 후손이 없어 근심이 컸어. 자손을 얻게 해 달라고 시바신에게 간절히 기도했지. 정성이 닿았는지 사원 제단의 불길에서 여자아이가 탄생한 거야.

그런데 아이는 물고기 눈을 가졌고 젖가슴이 3개나 달린 채 태어났어. 간절하던 아이가 괴상한 모습으로 태어났으니 왕이 얼마나 걱정이 됐겠어.

그때 예언자가 나타나 이런 말을 하는 거야. "아이는 시바신의 배필로 정해져 있다. 아이가 자라 자신의 노력에 따라 시바신을 만나면 가운데 젖가슴이 사라질 것이다."

판디아왕이 죽자 미낙시가 나라를 지배하게 되었어. 그녀도 결혼할 나이가 되었기에 시바신이 산다는 히말라야 카일라스산으로 찾아갔어. 그리고 시바신을 만나자마자 가운데 젖가슴이 감쪽같이 없어진 거야. 그녀는 시바신에게 청혼했어. 그러자 시바신은 중요한 수행을 하고 있어서 당장 결혼할 수 없으니 돌아가 기다리라고 했대. 8년 후 시바신은 순다레스와라라는 청년의 모습으로 마두라이에 나타나 미낙시와 결혼해. 자신의 행복을 위해 여성의 몸으로 히말라야까지 모험을 했기에 미낙시는 예언을 실현할 수 있었지. 미낙시는 시바의 첫 번째 부인 사티의 화신이고, 순다레스와라는 시바신의 화신이래. 둘의 결혼으로 완벽한 우주를 지탱하게 되었지. 둘이 워낙 사랑해서 지금도 밤이 되면 스리미낙시 사원에서는 순다레스와라의 신상을 가마에 태워 미낙시의 방에서 함께 자게 한 후 다음 날 아침이면 다시 옮기는 일을 하루도 빠짐없이 한대.

놀라운 점은 스리미낙시 신전의 브라만 사제는 사원이 지어진 이후 지금까지 64대를 이어 신전에서 일한대. 마치 그리스 파르테논 신전에서 일하던 사제의 후손이 지금도 같은 신전에서 일한다고 보면 돼.

스리미낙시 사원에서 숙소로 가는 길에 마두라이에서 유명하다는 아이스크림 가게에 들러 특별한 아이스크림을 주문했지. 일회용품 그릇을 쓰지 않고 유리컵에 담아 주는 게 특이해. 컵에 주스와 아이스크림을 넣어 주는데 날치 알 크기만 한 입자가 씹히는 탱글탱글한 식감도 좋았지. 엄청 달콤한데 향신료를 넣었는지 특유의 향이 좀 과하다 싶었어.

마두라이 대표 커피점에도 들렀는데 원두커피 볶는 냄새가 가게 안에 가득했어. 유기농커피를 팔아서 손님이 끊이지 않았어. 신선한 커피를 파는 것에 대한 자부심이 대단해 보였어. 남인도 커피 맛은 어떨까 궁금해서 아주 조금 맛보기로 샀어.

점심은 현지 식당에서 탄두리치킨과 야채샐러드를 먹었어. 탄두리치킨은 닭고기를 향신료와 카레, 요구르트에 숙성시켜 인도 전통 진흙 화덕인 탄두르에 구워낸 거야. 마치 고추장을 발라 구운 건가 싶을 정도로 겉이 빨갛지만 맵지 않아 부담 없더구나.

오토릭샤를 타고 강 건너 간디박물관에 갔단다. 카니야쿠마리에서도 간디기념관을 봤지만 마두라이의 간디박물관은 더 특별했어. 간디 개인의 삶보다는 영국에 맞섰던, 인도 독립운동사의 관점에서 간디의 역할에 중점을 둔 역사 자료가 전시되었거든. 박물관 최고의 소장품은 간디가 델리에서 흉탄에 맞을 때 입었던 피 묻은 도티야. 도티는 힌두교 문화권 남자들이 무릎까지 닿게 헐렁한 바지처럼 입는 옷을 말해. 긴 천의 한쪽 끝을 잡아 엉덩이와 넓적다리 주위를 두른 후, 아랫다리 앞 뼈 사이로 꺼내어 허리띠 속으로 말아 넣어 입는단다. 이곳을 찾는 사람들은 간디의 도티를 보관해 둔 방에 들어가 경건하게 참배했어. 그날의 비극적인 상황을 떠올리는지, 대체로 안타까운 표정으로 돌아서더구나. 간디의 유품인 소박한 슬리퍼와 안경도 있어. 비폭력 무저항 정신으로 인도의 독립을 위해 헌신했던 그의 검소한 삶이 다시 떠올랐어. 이곳에서 사진을 찍기 위해 50루피(약 850원)를 내야 했어.

박물관 밖에는 학생들이 단체로 와서 교육을 받더라. 앞으로 이 친구들이 간디의 삶과 정신을 잇겠지. 앉아 있던 현지인 할머니들이 뭔가를 까서 우물우물 씹더구나. 먹으라고 몇 개를 건넸어. 콩처

마두라이 간디 박물관의 간디 도티

럼 생겼는데 검은 씨앗은 버리고 씨앗을 감싼 속껍질을 먹으래. 하얀 속살은 얕은 단맛이야. 씨앗을 버리고 속껍질만 먹는 게 특이하더구나. 할머니가 먼저 사진을 찍자고 했어. 오랫동안 친했던 사람처럼 꼭 붙어 앉아 찍고 헤어지면서 격하게 포옹도 했어. 느낌이 참 따뜻하더구나.

• 간디는 왜 흉탄에 맞았을까?

간디는 인도가 영국의 식민 지배를 받던 1869년 포르반다르에서 태어났어. 본명은 모한다스 카람찬드 간디야. 후에 아시아인 최초로 노벨문학상을 수상한 인도의 대표 시인인 타고르가 '위대한 영혼'이라는 뜻의 '마하트마'로 부르면서 전 국민의 호칭이 되었단다.

간디는 19세에 영국으로 유학해 변호사가 된 후, 남아프리카공화국에 갔다가 수만 명의 인도인 노동자가 천대와 핍박당하는 걸 보고 큰 충격을 받았지. 그들 곁에서 교육자로 대변인으로 20여 년간 함께하다가 46세에 귀국해. 그 후 전국을 돌아다니며 조국의 현실을 살펴본 후 남아프리카에서 함께 온 사람들과 공동체를 만들어 독립운동을 전개해.

그가 인도로 돌아올 무렵 제1차 세계대전이 발발했지. 영국은 인도인들이 전쟁에 협력한다면 독립시켜 주겠노라고 공언했어. 간디는 약속을 믿고 인도인의 단합과 영국에 대한 지원을 호소했어. 영국군 주둔지의 군인 33퍼센트가 인도인일 정도로 많이 참가했지. 그러나 제1차 세계대전이 끝난 후 약속은 지켜지지 않았어. 영국은 오히려 더 통제하고 강압적인 정책을 폈단다. 법원의 판결 없이도 인도인을 체포하고 감옥에 가둘 수 있는 롤라트법을 만들었지. 인도인은 분노했고 간디는 전국적으로 대규모 군중 행진을 벌였어. 영국군은 그들을 향해 총을 쏘았어. 그 결과 암리차르에서 천 명이 넘는 사상자가 발생했어.

1920년 간디는 사티아그라하 즉 '비폭력·비협조·불복종 운동'을 시작했어. 학생들은 학교에 가지 않고 주민들은 영국 상품을 불태웠지. 그러자 영국은 2만 명 이상의 사티아그라하 지도자를 체포해서 감옥에 가뒀어. 1929년 국민회의파는 독립선언을 한 뒤 네루를 초대 대통령으로 정하고 1930년 1월 26일을 독립기념일로 선포했단다. 간디는 그해 영국의 소금세 신설에 항의하여 390킬로미터나 떨어진 단디 해안을 향해 수만 명을 이끌고 평화 행진을 시작해. 영국은 인도인이 직접 소금을 만들지 못하게 하고 대신 영국에서 만든 소금을 사게 했는데 40킬로그램 당 1루피(약 17원)씩 세금을 부과한 거야. 간디는 이런 소금세에 대해 항의하며 직접 소금을 만들기 위해 전통 염전이 있는 단디를 향해 떠난 거지. 24일째인 4월 6일 새벽, 단디에 도착한 간디는 주전자에 바닷물을 담아 끓인 다음 한 줌의 소금을 얻었어. 이 사건은 인도인의 마음을 하나로 뭉치게 했고 인도 독립의 씨앗이 되었단다.

제2차 세계대전이 일어나자 영국은 또 다시 인도의 동의 없이 인도인을 전쟁에 끌어들였지. 전쟁이 끝나고 인도는 동·서파키스탄과 인도로 나뉘어 독립했어. 하지만 독립 이듬해인 1948년 1월 간디는 힌두 근본주의 단체 RSS 소속 청년의 총에 맞아 79세로 세상을 떠났단다. 간디가 총을 맞은 이유는 힌두교적 가치인 '다르마'를 오염시켰다는 거야. 인도에서 다르마는 '종교·도덕·정의·관습·의무' 등을 의미해. 힌두 근본주의 단체는 인도의 다르마를 오염시킨 세력을 이슬람교도·기독교인·사회주의자·식민통치자로 봤어. 간디는 이슬람과 힌두교와의 협력을 강조했고, 카스트에도 속하지 못하는 불가촉천민을 하리잔(신의 아들)이라 부르며 불평등과 착취를 중지할 것을 호소했거든. 그런 점에서 힌두교 광신자에게 간디는 암살 대상이었던 거야. 그래도 간디는 여전히 인도 독립의 아버지로, 비폭력 평화운동가로 세계인의 존경을 받고 있단다.

이탈리아 건축가가 지은 궁전이 마두라이에 있다고 해서 다시 오토릭샤를 타고 티루말라이 나약 궁전으로 갔어. 오토릭샤 운전자와 요금을 흥정하다 승차거부를 여러 번 당했어. 난처했지. 단순히 요금을 높게 부른다고 봤는데 타고 가다보니까 반대 방향으로 다시 강을 건너는 거야. 이 끝에서 저 끝으로 가는 셈이지. 일방통행 도로여서 목적지를 옆에 두고도 멀리 돌아야 했어. 급한 차량은 역주행도 하더라고. 하지만 보행자 입장에서는 매우 위험한 일이야. 길을 건널 때는 정말 좌우를 잘 살펴보고 걸어야 한단다.

나약 궁전은 다른 궁전과는 차이 나게 많이 초라해. 천장에 찌든

먼지와 거미줄은 물론 벽에 낙서까지 있으니까. 미완성 건물처럼 횡한 느낌이랄까. 알고 보니 그리 된 이유가 있었어. 1636년 티루 말라이 나약왕이 궁전을 건축해서 수십 년간 썼는데, 손자가 왕이 되자 수도를 티루치로 옮겼대. 그리고 궁전의 일부를 해체해 티루 치에 왕궁을 세우는 데 썼다는 거야. 폐허가 되어 가던 나약 궁전은 영국 식민지 시절인 1866년 일부 보수되고, 독립 이후 유적지로 지 정되면서 지금도 보수공사가

마두라이의 나약 궁전

계속된대. 궁전은 이슬람식의 아치형 석조기둥으로 둘러싸 인 넓은 뜰을 중심으로 댄스홀 과 방들을 연결했어. 기둥 장 식은 힌두교 사원에서 보던 조 각과 비슷해. 매일 밤 궁전 뜰 에서 빛과 소리의 쇼를 연대. 궁전 부속박물관도 있는데 주 로 유적지에서 발굴한 석재를 전시해서 현재보다 4배나 규 모가 컸다는 옛 궁궐의 모습을 상상하며 보았단다. 화려함보 다는 미완성으로 남아 지금도

채우는 궁전이지.

나약 궁전을 나와 근처에 있는 성당까지 걸었어. 하얀 고딕 양식 건물에 파란색으로 테두리를 칠한 깔끔한 성당이야. 옆에 미션스쿨인 남자고등학교가 있단다. 학교 담장에는 환경을 주제로 학생들이 그린 벽화가 가득해. 마침 하교 길이라 학생들이 교문 밖으로 나오는 거야. 남자 고등학생이라서 키도 크더라. 학교에서 몇 걸음 옮기면 교차로인데 사방에서 쏟아져 나오는 남녀 학생들로 북적였어. 근처에 학교들이 밀집해 있나 봐. 여학생들은 가게로 몰려가 간식을 사 먹더구나. 우리들이 학교 앞 분식집에 몰려가 떡볶이나 어묵을 사 먹는 것처럼 말이야. 재잘거리는 밝은 학생들을 보니 덩달아 기분이 펴졌지.

교차로에서 숙소까지 걸으면 30분 정도인데 퇴근 시간과 겹쳐

마두라이의 하교 길 학생들

도로는 혼잡했고 매연도 심했어. 다시 오토릭샤를 탔어. 운전자는 일방통행 구간이라 돌아갈 수밖에 없다며 양해를 구했어. 돌아가는 게 나쁘진 않았어. 미처 보지 못한 마두라이의 골목길을 볼 수 있으니까.

숙소 앞에 도착하니 쇼핑센터에 불이 환해. 갑자기 이곳 사람들은 어떤 물건을 소비할까 궁금해서 들어갔어. 1층은 실크를 파는 전문 매장인데 엄청 넓어. 화려한 실크 원단과 사리를 파는 곳이라 여자 손님이 많았어. 사리를 입어 보며 흥정하더구나. 2층에서 6층까지 의류·가방·장신구·완구·문구·주방기구·가구·가전제품을 팔고, 지하는 식품 매장이야. 우리나라 대형마트와 비슷해. 문구류 코너에 가 보니 종이나 디자인의 질이 떨어져 사지는 않았어. 그런데 장신구 매장에 가 보니 번쩍번쩍이야. 금팔찌·목걸이·귀고리 등이 많은데 어느 곳보다 붐볐어. 인도인이 금을 좋아한다는 것은 알지만 이를 확인할 수 있어서 한참을 머물렀단다. 다양한 금 장신구도 재미났으니까.

• 인도가 세계 최고의 금 수입국인 까닭은 무엇일까?

해마다 세계 시장에서 거래되는 금의 20~30퍼센트를 사들이는 나라는 인도야. 인도인이 금을 사랑하는 이유는 힌두교에서 금을 부와 건강의 상징으로 보기 때문이지. 결혼식에서 순금 장식을 하면 혼인 후 내내

마두라이의 쇼핑센터 금 장신구

행운과 복이 온다고 믿어. 전통적으로 결혼식 축하객들에게도 금을 선물하니까. 또 지위와 부를 드러내는 것도 금이야. 축제나 기념일 선물 1순위도 금이지. 힌두교 최대 디왈리 축제가 열리는 11~12월에 한 해 팔리는 금의 절반이 팔린대. 금은 대대로 물려줄 수 있고 긴급할 때는 현금처럼 쓸 수 있기 때문이지.

저녁은 숙소 옥상 레스토랑에서 먹었어. 하늘을 분홍색으로 물들이며 해가 지더구나. 낮에 본 미낙시 사원의 고푸람과 시가지 전경이 한눈에 잡히는 장소야. 멋졌어. 남인도 건기에서는 드물게 금방이라도 소나기가 내릴 듯 꾸물꾸물한 날씨였어. 결국 바람에 가는 비가 흩뿌려지며 더위를 식혀 주더구나.

석공들의 도시
마말라푸람Mamallapuram

야간열차를 타고 첸나이로 가기 위해 기차역으로 이동했어. 밤 9시에 탔는데 다음 날 아침 7시 16분에 도착했지. 다행히도 종점이라 서둘러 내리지 않아도 되었단다. 첸나이역에서 버스를 타고 해변도로를 따라 남쪽으로 2시간 정도 달리면 마말라푸람이야.

마말라푸람은 1,400여 년 전 남인도를 지배한 팔라바 왕조의 두 번째 수도였는데 강력한 군사력을 갖춘 도시였어. 마말라푸람이라는 이름도 '위대한 전사의 도시'라는 뜻이야. 작은 해변 마을이지만 곳곳에서 정교한 석조 건축물과 돌 조각품을 볼 수 있어.

이곳 숙소에서는 손님을 환영한다는 의미로 조개목걸이를 걸어 주고 이마에 붉은 꿈꿈가루를 찍어 줘. 행운을 가져온다는 의미이니 대접받는 느낌이랄까.

거센 바람과 파도에도 자리를 지켜 온
해변 사원

유네스코 세계 문화유산인 해변 사원은 몰려든 사람들로 입구부터 혼잡했어. 입구에 알라딘의 요술램프에 나오는 지니와 공작새 조형물을 소품처럼 설치했는데 당연히 어린아이들이 모여들었어. 날도 무척 뜨겁고 목이 타서 물통에 손이 자주 가더구나. 해변으로 걸어 나가면 푸른 평원에 우뚝 솟은 사원이 보여. 원래는 7개의 건물인데 현재는 큰 것과 작은 건물 2개만 남았어. 입구에 우물도 있고 주변 낮은 담장에는 시바가 탄다는 난디, 즉 소를 조각해 놓았더구나. 두 사원의 기단과 외벽은 서로 연결되어 하나의 사원으로도 볼 수 있어. 해변이 가까워서 소금을 머금은 거센 바닷바람에 침식되어서인지, 표면이 완만한 곡선이야. 큰 사원 안에 시바의 남근상이 있고 그 둘레에 온갖 동물과 사람 문양을 정교하게 조각했지. 2004년 쓰나미가 덮쳤을 때 사원의 조각도 피해를 입었대. 언젠가 거대한 파도가 다시 밀려와도 석조 사원을 지킬 수 있게 방풍림을 더 심어야겠더구나. 지금 방풍림 수로는 부족해 보였거든.

사원 옆 해변에는 짙은 갈색 피부에 빨강·파랑·노랑 원색의 옷을 입은 사람들이, 하얀 거품을 물고 왔다가 부서지는 파도를 보고 있더구나. 벵골 바다가 파도가 세고 물살이 빨라서일까? 바닷물 속에

마말라푸람의 해변 사원

들어가 물놀이를 즐기기보다 모래사장에 서 있는 사람들로 빽빽했어. 자주 느끼는 거지만 어디서 이렇게 많은 사람들이 쏟아져 나올까. 이 모습을 보는 것 역시 여행의 즐거움이겠지.

해변 사원에서 서쪽의 커다란 바위산을 향해 200미터 정도를 걷다가 알록달록한 원석을 파는 아이들을 만났어. 교실에 있어야 할 아이들이 행상을 하니 안타까웠어. 사 줘야 하나 말아야 하나 갈등하다가 외면했어. 여행자 입장에서 돌은 무거워서 들고 다니기 힘들기 때문이야. 그래도 마음이 편하지 않았지.

깊은 고뇌에 빠진
아르주나의 고행상

'위대한 언덕'으로 불리는 바위산의 입구는 관람객과 잡상인이 뒤섞여 복잡했어. 첫 석굴 사원으로 갔지. 여러 개의 돌기둥이 지붕을 받치는 개방형 석굴이야. 사원의 기초가 되는 제일 아랫단에는 사자 조각이 있고 내부 벽에는 소젖을 짜는 소년, 악기를 부는 사람 조각 등이 있어. 이런 조각으로 옛날 남인도 사람들의 생활 모습을 상상할 수 있어. 이 석굴 사원 위로는 거대한 바위산이 펼쳐지지. 석굴과 오른쪽으로 연결된 바위에는 아름다운 조각 중 하나인 '아르주나의 고행상'이 있단다.

아르주나의 고행상은 한쪽 면을 입체적으로 깎아 조각한 단일 작품으로 세계 최대 크기로 꼽아. 가로 27미터, 세로 13미터야. 가로를 위와 아래로 나눴는데, 아래는 땅의 세상, 위는 하늘의 세상이라고 보면 돼. 왼쪽과 오른쪽에도 수많은 인간과 동물이 신을 향해 경배하는 모습을 새겨 놓았어. 부조는 인도의 대서사시 〈마하바라타〉에 나오는 시바신과 관련된 내용이야.

핏줄인 형제를 죽여 악을 뿌리 뽑아야 하는 운명 앞에 갈등하는

하늘과 땅, 왼쪽과 오른쪽으로 구분하여 조각한 아르주나 고행상

아르주나에게 비슈누의 화신 크리슈나는 이렇게 말했대. "여름과 겨울이 오고 가듯이 인간이 겪는 행복과 슬픔도 자연스럽다. 감정에 흔들리지 말고 인내해야 한다. 영혼은 누구도 파괴할 수 없지만 육신은 언젠가 사라진다. 그러니 가책을 느끼지 말고 어서 가서 저들과 싸워라." 부조를 자세히 보면 땅 위에서 턱을 괴고 깊은 고뇌에 빠진 노인이 있는데, 표정은 침통함 그 자체야. 그때 시바신의 왼쪽 손바닥은 노인을 향하고 있어. 중생의 근심과 두려움을 없애주겠다는 자세지. 시바신의 손 모양에는 여러 상징이 숨어 있거든.

또 다른 이야기도 있어. 시바신 앞에서 한 쪽 다리를 딛고 고행을 하고 있는 노인이 바기라타왕이야. 신의 노여움을 사서 비가 오지 않자 땅은 까맣게 타버렸고, 바기라타왕은 땅을 보며 백성을 구하기 위해 수천 년 동안 고행하며 용서를 구했대. 한 쪽 발만 땅에 딛고 두 손은 하늘을 향하고 있는데, 얼마나 오래 고행했는지 수염은 길게 자라고 뼈는 앙상하게 남았어. 지성이면 감천이라고 시바신은 천상에 흐르는 성스러운 '갠지스강'을 땅에 내려 주었대. 부조를 꼼꼼히 보면 가운데 자연암석에 균열이 나 있어서 갠지스강이 하늘에서 땅으로 흘러내리는 모양이야. 실제 비가 오면 빗물이 흐를 테니 이야기는 더욱 실감나겠지.

오른쪽 아래에는 강을 향해 걸어가는 실제 크기의 코끼리 가족이 있어. 코끼리 조각 역시 인도에서 가장 아름다운 조각품으로 손꼽혀. 익살스런 조각도 있어. 배가 볼록한 고양이가 앙상하게 뼈만 남은 아르주나를 흉내 내며 고행을 하는 장면이지. 고양이 앞에는 쥐 한 마리가 두 발을 들고 고양이에게 애원을 하는 장면이야. 무슨 의미일까? 고양이는 아르주나처럼 소원을 이루기 위해 고행을 하는 척하면서 남이 보지 않을 때는 쥐를 잡아먹었다는 거지. 이런 고양이를 교활하다고 비난할 수 있을까. 고양이는 바로 우리 인간의 모습이었어. 다른 사람이 지켜보면 도덕군자인 양 행동하지만 혼자일 때는 자신을 속이는 나쁜 행동을 하는 게 인간이니까. 석공은 바로 그 점을 일깨우려고 배불뚝이 고양이를 조각했을 거야. 숨은 그림찾기처럼 흥미로운 아르주나의 고행상 관찰이었단다.

바위산 중턱에 크리슈나의 버터볼이라는 둥그런 바위가 아슬아

크리슈나의 버터볼

슬하게 걸려 있어. 설악산 흔들바위처럼 가파른 언덕 위에 있는데 굴러떨어지지 않는 게 신기해서 마말라푸람의 명물이 되었대. 커다란 바위로 생긴 그늘 밑에는 동네 사랑방처럼 사람들이 옹기종기 모여 앉아서 정담을 나누더구나. 아이들은 가파른 언덕을 미끄럼틀 삼아 썰매를 타고 내려오느라 신이 났어. 버터볼을 지나 정상으로 올라가니 바위를 직사각형으로 파서 만든 욕조가 있더라고. 고인 물이 깨끗하지 않지만 목욕탕이든 연못이든 건기에는 요긴했을 거야.

산 너머로 푸른 초원과 숲이 펼쳐져 속이 확 트이더구나. 등대는 마을과 숲과 바다의 아름다움을 감상하기 딱 좋은 마말라푸람 최고의 전망대야. 등대 주변에 크고 작은 석굴이 많아. 등대까지 길은 종종 경사가 가파르지만 내리막 길은 그리 어렵지 않더구나.

아르주나의 고행상과 크리슈나의 버터볼이 있는 커다란 바위산은 온갖 신들을 모신 하나의 신전이야. 거대한 바위산을 조각품으로 다듬은 석공들의 영혼은 이곳을 찾는 사람들과 지금도 교감하는 듯 했어. 누구나 감동할 테니까 말이야.

바위산 하나를 깎아 만든 다섯 개의 사원

바닷가에 있는 유네스코 세계 문화유산 파이브 라타로 가려고 등대에서 남쪽 길을 따라 600미터 쯤을 걸었어. 살이 익을 듯 햇볕이 뜨거워서 걷기 힘들었지만 가는 동안 도로변 가게에서 파는 색다른 돌조각을 보는 건 큰 구경거리야. 돌로 만든 작은 소품, 보석함, 아기자기한 장신구들로 볼 게 많았지. 7세기 팔라바 왕조부터 이곳 석공들의 솜씨는 최고라네.

파이브 라타는 바위산 하나를 깎아 만든 다섯 개의 사원이야. 힌두교 서사시 〈마하바라타〉에 나오는 판다바의 다섯 형제 이름을 땄어. 라타는 '화려한 가마'라는 뜻이지. 힌두교에서 신상을 옮길 때면 화려하게 꾸민 신상을 가마에 싣고 가장행렬을 해. 이 때 사용하는 가마가 라타야.

파이브 라타는 모양이 각기 다른 가마지만 거대한 바위산 하나

마말라푸람의 파이브 라타

를 통째로 깎은 거야. 입구부터 차례로, 첫 번째인 드라우파디 라타에는 두르가 여신을 모신 사자상, 두 번째인 아르주나 라타는 시바신이 탔다는 난디(암소)상, 세 번째인 비마 라타는 진흙으로 빚은 집 모양, 네 번째인 다르마라자 라타에는 촐라 왕국의 왕을 칭송하는 문장, 다섯 번째인 나꿀라 사하데바 라타는 실물 크기의 코끼리상이 유명해. 힌두 신화에 나오는 여러 이야기를 정교하게 표현한 파이브 라타는 모래 속에서 천 년을 넘게 잠들다가 세상에 드러났대. 풍화된 흔적은 적었어. 재질이 화강암보다 단단한 섬록암이라 보존이 잘 되었기 때문이래. 미완성인 채로 남은 다섯 번째 사원의 벽을 보면 어떻게 사원을 지었는지 그 과정을 알 수 있어.

파이브 라타를 나오면서 같은 시대에 다듬어진 경주 불국사 석

굴암을 떠올렸어. 촐라 왕국의 조각처럼 정교하지는 않지만 미소
가 부드럽고 단아한 우리 석불의 석공도 마말라푸람의 석공처럼
자신의 영혼을 담았을 거야.

• 힌두 신화 〈마하바라타〉는 실제 있던 일일까?

'마하바라타'는 산스크리트어로 '위대한 왕조의 대서사시'라는 뜻이
야. 기원전 1,400~1,000년경 실제로 있었다는 두 부족 사이의 참혹한 전
쟁 이야기를 담은 게 〈마하바라타〉야.

바라타족이 세운 나라에 두 왕자가 있었는데 형 드리트라슈트라는 태
어날 때부터 앞을 볼 수 없어서 동생 판두가 왕이 되었대. 후에 판두는
수행을 위해 숲으로 들어갔고, 왕위는 자연스럽게 형 드리트라슈트라에
게 넘어갔지. 숲에 들어간 판두는 사슴으로 변한 현자를 몰라보고 활을
쏴 죽였어. 판두는 현자의 저주로 자식을 낳을 수 없게 되었지. 그래도
판두의 부인이 처녀 시절 행한 복 덕분에 다섯 신(다르마·바람·천둥번개·
쌍둥이원숭이)의 도움을 받아 다섯 명의 아들을 낳았지. 하지만 판두는
결국 죽고 말았어. 아버지가 죽자 판두의 다섯 아들 판다바 형제는 큰아
버지인 드리트라슈트라의 왕국에서 사촌인 카우라바 형제와 함께 자라
게 되었지. 하지만 능력, 용기, 지혜 등 어느 면에서나 뛰어난 판다바 형
제에게 카우라바 형제는 열등감과 질투심을 갖게 되었어. 결국 음모를
꾸미면서 판다바 형제를 궁에서 쫓아냈지.

쫓겨난 판다바 다섯 형제는 이웃 왕국의 공주 한 명과 공동 결혼을 하고, 친구이자 동지인 크리슈나도 만나면서 안정을 찾아가. 하지만 맏형이 카우라바 집안의 장남인 두리요다나와 그의 삼촌 샤쿠니가 벌인 주사위 놀이에 휘말리면서 모든 것을 잃게 되지. 판다바 다섯 형제는 13년간 숲에 들어가 혹독한 고행을 하고는 다시 세상에 나왔어. 그리고는 사촌 형 두리요다나에게 빼앗긴 왕국과 재산을 돌려줄 것을 요구했지. 하지만 욕심에 눈이 먼 두리요다나와 그런 아들을 막지 못하는 드리트라슈트라왕은 판다바 형제의 청을 거절했어. 결국 18일 간에 걸친 참혹한 전쟁이 벌어졌단다.

이 전쟁에서 판두의 셋째 아들 아르주나의 활약이 매우 컸지. 그렇지만 아르주나는 몹시 괴로웠어. 양쪽에서 수많은 사람들이 죽어나가니 피는 강물이 되어 흘러넘쳐 땅이 흠뻑 젖고 시체는 언덕을 이뤘어. 그때 크리슈나의 모습으로 나타난 비슈누신은 아르주나에게 영원불멸한 우주의 법칙과 윤회와 해탈에 이르는 길을 가르쳐 주었어. 고심 끝에 아르주나는 군사를 이끌고 사촌 형제 100명과 적들을 죽이고 승리를 거두지.

다시 왕국을 되찾은 판다바 다섯 형제는 백성을 돌보며 평안한 삶을 꾸리다가 인드라신의 천국을 향해 먼 길을 떠났단다. 신에 대한 충성심을 시험받는 마지막 관문을 통과한 후 카우라바 일족까지 다시 만나고, 분노와 증오에서 벗어나 진정한 평화와 행복을 찾았다는 이야기야.

지역 축제가 열렸어. 마말라푸람의 저녁 바다는 하늘을 수놓는 폭죽 소리로 가득 찼고, 거리는 사람들의 들뜬 발걸음이 이어졌어. 숙소와 가까운 동네 거리를 걸었지. 머리를 깎으려는 남자들이 미용실에 모여 순서를 기다리고, 세탁소에는 다림질하는 손길이 바빴어. 화랑에는 특유의 색깔과 문화를 품은 작품들이 있어. 일찍 문을 닫은 공예품 가게 앞에는 춤추는 시바신의 석상이 도시의 밤을 지키려는 듯 서 있단다.

마말라푸람의 아침은 야자나무를 찾아온 새들의 지저귐으로 시작돼. 누군가 깨끗하게 숙소마당을 빗질해 놓았고, 빗질한 흔적 사이로 신선한 흙냄새가 올라왔어. 다시 짐을 꾸리고 첸나이로 이동하기 위해 버스를 탔어.

첸나이까지는 2시간 쯤 걸려. 북쪽으로 더 올라가 도심을 벗어나니 푸른 들판에 펼쳐진 농촌 풍경이 여유 있더구나. 하지만 현실에 몸담고 있는 농부들은 다른 마음일 거야. 지난 30년간 인도 농부 가운데 6만 명 이상이 기후 변화로 흉작이 계속되자 빚과 생활고에 스스로 목숨을 끊었으니까. 이탈리아 사진작가 페데리코 보렐라는 이런 인도 농촌의 고통을 '5도(Five Degrees)'라는 사진 작품으로 보여 주었어. 빚에 못 이겨 자살한 남편을 보낸 여인의 깊은 슬픔을 사진에 담았는데, 마음이 아팠어. 작가는 이 작업으로 세계사진협회가 뽑은 2019년 올해의 사진가로 선정되기도 했단다.

인도 상업의 중심지
첸나이Chennai

첸나이는 델리, 뭄바이, 콜카타와 함께 인도를 대표하는 4대 도시야. 타밀나두주의 주도지. 예전에는 마드라스라고 불렸는데 1996년 첸나이로 이름을 바꿨어. 인도 대륙을 가로지르는 데칸고원의 영향인지 수많은 외침을 받았던 북인도와는 달리, 첸나이를 비롯한 타밀나두 지역은 약 200년간 영국의 식민 지배만 받았을 뿐이야. 영국의 통치 시기에 동인도회사가 들어오면서 첸나이는 대도시로 발전했지. 북인도 중심의 정치적 영향력에 대한 반감과 민족주의 의식으로 독립 후 인도 정부가 힌디어를 공용어로 정하려고 하자 강력하게 반발했어. 모든 힌디어 간판과 안내판을 철거하면서 저항한 덕에 힌디어를 제2언어로 끌어내리고 자신들이 쓰는 타밀어를 주의 공식 언어로 확정했단다.

첸나이에 남인도의 역사를 알 수 있는 정부 박물관이 있다길래 방문했어. 입장권 하나로 국립아트갤러리, 현대미술관, 어린이박물관까지 둘러볼 수 있지. 인도에서 두 번째로 오래된 첸나이 정부 박물관에는 특별한 유물이 있어. 아마라와띠 대탑 유적인데 남인도 최고의 불교 유물이야. 부처의 일생과 활동을 그리듯 돌에다 정교하게 조각한 것도 있어. 팔라바 왕조와 촐라 왕조의 진품 청동 조각상과, 시바신이 춤추는 모습을 표현한 청동 조각은 완벽한 균형과 예술미를 갖췄다고 해. 그밖에 전쟁 도구와 각종 장신구, 악기, 인형 등 볼 게 많아. 박물관에는 멀고 먼 과거의 삶을 아주 세밀하게 밝힐 증거들이 많아. 유물마다에 담긴 장인의 손길을 상상하면 더 재밌단다.

첸나이에 가톨릭 성지로 꼽히는 '산토메

첸나이의 산토메 성당

성당'이 있어. 예수의 열두 제자 가운데 도마는 의심이 많았지. 예수가 십자가에 못 박혀 처형당한 뒤 부활했다고 하자 도마는 "못 자국을 보고, 내 손가락을 그 못 자국에 넣고, 내 손을 그 옆구리에 넣어 보지 않고는 절대 믿지 못해!"라고 했지. 그러자 예수가 그의 앞에 나타나 못 자국 상처를 보여 주었고, 도마는 그것을 확인하고서야 믿었어.

도마는 예수의 제자 중 가장 먼 곳인 인도까지 와서 선교를 했단다. 당시 도마는 첸나이를 다스리던 왕의 신임을 받아 새 궁전을 짓는 건설 책임자로 일했는데, 공사 경비 일부를 빼서 가난과 질병으로 고통받는 사람들을 위해 썼대. 이를 눈치챈 왕은 서기 72년 첸나이가 내려다보이는 언덕으로 도마를 끌고 가서 사형을 시켰대. 그의 무덤 위에 지은 교회가 바로 산토메 성당이야.

1893년 성당을 재건축하면서 도마의 무덤을 참배할 수 있게 별도의 건물을 성당 뒤편에 다시 지었대. 건물 지하 공간에 도마의 무덤을 재연해 놓았고 도마의 피를 담은 유해함도 있어. 가톨릭의 중요한 성지 중 하나지.

내부에서 사진촬영은 금지이나 일부 공간은 기부금을 내면 찍을 수 있어. 마침 일요일이라 성당에서는 주교의 집전으로 미사가 열리고 있는데, 부르는 성가도 청아한 음률이라 마음이 평온해졌어. 간절한 눈빛과 투박한 두 손을 모아 진지하게 예배드리는 분들처

산토메성당 지하 공간에 재연한 도마의 무덤

럼 나도 여행을 잘 마무리해 달라고 기도했지. 성당 내부의 스테인
드글라스와 천장의 갈색 디자인은 화려함과 소박함이 조화를 이루
고 있더구나. 마당에 행복을 불러오는 그림 '콜람'이 펼쳐져 있어서
아름다움이 배가 되었어.

  첸나이는 지금까지 봐 온 남인도의 생활상과 다른 모습이야. 도
로도 깨끗하고 고층 건물과 세련된 건축이 많거든. 현대기아자동
차 등 한국기업도 진출해 있다고 했어. 이곳에서 가장 큰 '피닉스
마켓시티'라는 백화점에 가 보니 갖가지 명품 매장들이 있고 물건
의 질도 고급이야. 다른 데와는 딴판이라 방문하길 잘 했다 싶었어.
인도의 다양함을 접할 수 있으니까. 서점에서 어떤 책이 잘 팔리는
지 살피고, 인도 문화유적을 다룬 책과, 인도의 색깔과 인물을 중심
으로 찍은 사진집을 펴 보는 재미도 컸단다. 지하 식품매장에서 남

은 인도 화폐를 탈탈 털어 사탕수수 즙을 압축한 설탕과 특이한 모양의 콩, 마살라양념이 된 컵라면 그리고 색다른 과자를 몇 개 샀어. 이제 곧 인도를 떠나야 할 시간이 가까워졌으니까.

챈나이에서 델리로 가는 국내선 비행기를 타기 위해 공항으로 갔지. 비행기는 오후 4시 30분에 떴어. 앞 좌석에 앉은 프랑스 여자 둘이 델리공항에 도착할 때까지 3시간을 쉬지 않고 떠드는 바람에 머리가 지끈지끈 아팠어. 잠도 못 잤지. 그렇게 이야기가 길어질 줄 알았다면 중간쯤에 조용해 달라고 말을 할 걸 미련하게 참았다 싶었어. 자기 이야기에 빠지다 보면 주변 사람을 잊게 되나 봐. 나도 조심해야지.

다시
뉴델리New Delhi

　델리공항에서 인천공항행 비행기 게이트로 가면서 당황했어. 넉넉하게 여유를 갖고 이동했는데도 게이트 거리가 무척 길어서 시간이 빠듯했거든. 그만큼 델리공항의 규모가 크다는 거지. 2017년 국제공항협의회(ACI)는 세계 최고 수준의 서비스를 제공하는 공항으로 인도의 뭄바이공항과 델리공항을 선정했어. 우리나라 인천공항이 지켜왔던 12년 연속 1위 자리에 인도 공항이 이름을 올린 거야. 인천공항은 이제 순위에 연연하기보다 정보통신기술·로봇과 인공지능·사물인터넷·빅데이터·생체인식을 접목한 차세대 공항서비스 개발에 집중하려고 순위 경쟁에 참가하지 않기로 했대. 외국 공항을 다녀 보면 우리나라처럼 청결하고 서비스를 잘 갖춘 곳은 드물어. 앞으로도 더 편리한 모습을 보여 주리라 기대한단다.

　델리에서 인천으로 오는 동안 옆에 인도 청년이 앉았어. 약간의 불안과 설렘의 눈빛인 청년은 집이 델리고, 취업하러 한국에 간다고 했어. 그의 긴장을 풀어 주고 싶어서 인도를 여행하면서 찍은 사진을 펼쳐 놓고 이야기를 나누었단다. 몇 개의 단어와 완벽하지 않은 문장으로도 의사소통할 수 있는 게 신기했어. 정말 눈으로, 마음으로, 웃음으로 나누는 게 중요해. 영어를 잘하면 더 많이, 더 깊게 마음을 나눴을 거야. 아는 만큼 보인다는 말처럼 아는 게 많으면 두렵지 않고 불안하지 않을 것 같아. 잘해야 한다는 강박관념을 버리고 자신감을 갖고 다양한 언어를 배우는 데 주저하지 말고 용기를 내렴.

델리에서 인천공항까지 가는 동안 인도 여행의 여정을 되돌아보았어. 시작과 끝이 없는 윤회와 환생을 믿는 인도인은 시간을 더 넉넉히 쓰는 거 같아. 이번 생이 전부인 양 조급한 우리와 달리, 그들은 '이번이 아니면 다음에 하지 뭐' 하는 것처럼 느긋하지. 그래서 우리가 보기엔 느리고 또 덜 급해 보이는지도 몰라. 세계에서 가장 빠른 인터넷을 쓰면서도 여전히 빨리빨리를 외치는 우리와는 다르지. 행복이 속도에서 나오는 것만은 아니니까 여유로운 태도도 필요해. 인도는 오랜 세월 외침을 받아 왔지만 고유의 문화와 전통을 지켜 왔고 무궁한 가능성을 가진 나라야. 다시 또 인도를 가게 된다면 인도인의 삶 속으로 더 가까이 가 보고 싶구나. 그곳에서 만난 사람들의 선한 미소가 여전히 맴돌거든.

인천공항에 도착했을 때 밝은 햇살에 눈이 부셨어. 그 햇살은 무사히 도착한 것을 축복하는 따뜻한 포옹이었단다.

• 영국의 식민 지배는 인도의 발전에 기여했을까?

영국의 동인도회사가 정복한 인도는 결코 황폐한 땅이 아니었어. 상업과 무역이 발달한 풍요로운 곳이었지. 인도에서 생산한 면직물과 실크, 모직, 정교한 장신구, 도자기, 온갖 향신료를 물품으로 한 무역 거래로 영국이 벌어들인 돈도 엄청났지. 인도는 세계 최고의 건축 기술과 뛰어난 선박 제조 기술을 지녔던 나라야. 경작하기 좋은 땅에서 얻는 수확도 많았지. 그러나 영국의 침략으로 인도는 수공예 산업과 농업 분야, 제조업 분야의 붕괴를 경험했단다.

한편 영국 통치가 인도의 근대화와 발전을 가져왔다고 주장하는 의견도 있어. 영국을 모델로 인도의 행정·사법·의회·교육·군대·민주주의가 자리 잡았고, 철도·도로·학교·병원과 같은 공공시설이 남았다는 거지. 그래도 가장 의미 있는 식민지 유산은 바로 인도가 단결하고 독립사상과 민족의식으로 하나의 통일 국가로 거듭난 거라고 생각해. 장구한 세월 깊숙이 뿌린 내린 불공정한 카스트제도와 악습에 타격을 준 것도 의미 있다고 봐.

그럼에도 영국이 끼친 폐해를 말하고 싶어. 영국이 인도의 발전을 위해서 통치했다고 주장하는 의견에 어떤 모순이 있는지 들어 보렴.

첫째, 인도 섬유산업의 붕괴야. 뱅골 지역 직공이 짠 모슬린은 공기로 짠 듯 가볍고 부드러운 면직물로 누구나 갖고 싶어 하던 옷감이었지. 고운 색감의 실크 역시 유럽과 이집트, 페르시아, 중국, 일본까지 팔리고 있었어. 동인도회사는 값싼 인도 섬유 제품과 가격경쟁이 되지 않는 영국 의류업자의 제품을 팔려고 뱅골 지역 직공들의 직기를 부수었지. 심지어 섬세한 직조 기술을 가진 직공의 엄지를 부러뜨렸대. 거기에다 인도인이 만든 섬유 제품에 70~80퍼센트의 관세를 물려 영국에선 팔지도 못하게 했지. 그러니 면직물을 짜던 직공은 일자리를 잃었고 더 이상 실을 뽑거나 천을 짤 일이 없어졌어.

둘째, 철도 건설은 동인도회사의 이득을 위해서야. 인도에서 착취한 석탄·철광석·원면을 항구로 운반해야 했으니까. 철도 요금도 여객운임은 비쌌고 영국 상인이 이용하는 화물운임은 쌌어. 인도인은 아무 편의시설도 없는 삼등칸 나무의자에 앉도록 차별하면서 말이야. 제2차 세계대전을 치를 때도 영국은 기근으로 고통받는 인도인을 외면하고 자국민과 군대를 위한 식량을 철도로 나르는 데 더 급급했거든.

셋째, 영국이 인도인에게 영어를 가르친 것은 식민 통치의 편리성 때문이야. 영국 정부가 설립한 학교도 무상교육이 아니어서 가난한 사람은 갈 수 없었지. 소수만이 영어와 고등교육을 받았고 이들로 하여금 인도인을 관리하고 감시하게 했어. 인도가 영국으로부터 독립할 당시 문맹률은 84퍼센트였대. 지금 인도인이 영어를 잘하는 것은 20세기 들어와 미국의 영향력이 커지면서 먹고 사는 데 영어가 중요해졌기 때문이야. 영국은 인도의 전통 교육을 약화시켰단다. 인도는 입에서 입으로 완전히 암송한 지식을 다음 세대에게 전하는 교육을 존중하는 문화였거든. 그런데 영어로 하는 서구식 교육이 인도의 근대화와 교육 발전에 도움이 된다는 생각으로, 인도의 민족혼이 담긴 전통 철학과 사상을 배제했지. 일제 강점기에 일본이 조선어 말살 정책을 펴면서 서당도 도지사의 허락을 받아야 열게 하고, 조선 총독부에서 편찬한 교과서를 쓰게 한 것과 다르지 않아.

넷째, 수많은 농부들이 농촌을 떠난 거야. 동인도회사는 농부에게 소득의 50퍼센트를 세금으로 걷어 갔어. 못 내는 사람을 감옥에 가두고, 옷을 벗겨서 뜨거운 태양 아래 방치하는 고문을 했어. 심지어 자식을 팔아 세금을 내게 했어. 그래도 못 내면 땅을 빼앗고 쫓아냈지. 가난한 농민은 중남미나 남아프리카 등으로 노예계약 노동자로 떠났단다.

다섯째, 종교적 갈등을 조장해 증오의 불씨를 남겼어. 영국은 무슬림 동맹이 거리를 점거하고 폭력과 약탈을 일삼을 때 영국 경찰과 군인은 한가롭게 지켜만 봤어. 독립 당시 힌두교도와 이슬람교도의 내전으로 1천3백만 명이 집과 재산을 잃고 백만 명의 사망자가 나왔지. 무슬림 동맹이 분단을 막으려던 네루를 반대하는 시위를 벌였을 때도 묵인했어. 영국은 더 이상 인도를 지배할 수 없다면 분열시켜 자기네 영향력을 더 행사하려고 했다고 봐. 그 후유증은 여전히 계속되고 있단다.

• 인도와 우리나라의 공통점은 무엇일까?

인도는 역사상 어느 시기에도 하나의 통일된 국가로 존재한 적이 없어. 영국은 효과적으로 통치하기 위해 서쪽으로 신드와 발루치스탄, 동쪽으로 미얀마 국경 지역, 북쪽으로 히말라야 산맥의 국경선, 남쪽으로 최남단 카니야쿠마리까지를 인도라고 규정했단다. 제1차 세계대전이 끝나면서 간디는 독립운동의 지도자로 떠올랐어. 간디의 영향력을 바탕으로 최초로 모든 종교, 종족, 계층, 언어 집단이 참여한 인도국민회의가 만들어졌어. 국민회의의 목표는 영국으로부터 완전한 독립이었지.

제2차 세계대전이 끝나고 영국의 재정은 파탄이 났어. 더 이상 인도를 통치할 기력이 없었지. 당시 이슈는 인도가 독립한 후 어떤 형태의 나라일까였어. 조각조각 나눈 자치국일까? 연방공화국일까? 분열된 인도일까? 이때 간디와 네루가 속한 국민회의는 통일된 인도를 꿈꾸었단다.

영국 통치 시기 인도에서 이슬람교가 인구의 4분의 1를 차지했어. 수백 년 동안 북부를 지배하며 힌두교도를 핍박하던 이슬람교도는 영국이 무굴제국의 마지막 황제를 폐위시키자 힌두교도를 두려워했지. 영국이 1900년 인구가 가장 많은 연합주의 공식 언어를 힌두어로 정했을 때 이슬람교도는 앞으로 힌두교도의 지배를 받을지 모른다는 위기감에 휩싸였지. 이런 움직임은 이슬람교도로 구성된 무슬림 연맹을 탄생시켰어.

이슬람교도는 독립운동 과정에서 분할과 별도의 독립국가 설립을 요구했지. 그러자 이웃으로 지내던 힌두교도와 이슬람교도 사이에 갈등이 생겼고 끔찍한 충돌과 대학살이 일어났어. 수십만 명이 대대로 살아오던 마을을 떠났지. 이슬람 지역에 사는 무슬림 동맹군은 힌두교도에 대한 약탈과 폭력을 일삼았어. 힌두교도가 사는 곳에서도 마찬가지였어. 100~200만 명 정도가 죽은 것으로 추정해.

마침내 제2차 세계대전이 끝난 후 영국은 인도의 분할에 동의했어. 인더스문명의 발생지인 서부의 신드와 펀자브·발루치스탄과, 동쪽의 벵골 지역을 포함한 동·서파키스탄과 인도로 나눈 거야. 문제는 서파키스탄과 동파키스탄은 종교만 이슬람이지 문화·인종·언어·역사 등이 달랐어. 지리적으로도 서파키스탄과 동파키스탄은 3,200킬로미터나 떨어졌고 그 사이에 거대한 인도가 가로막았지. 게다가 주요 정치권력을 서파키스탄 출신이 차지하면서 동파키스탄으로부터 쌀·소고기·생선 등 식량자원을 수탈하고 세금을 지나치게 부과했어. 인구는 동파키스탄이 더 많은데 배정된 예산은 40퍼센트에 불과했어. 사실상 서파키스탄의 경제적 식민지로 전락한 동파키스탄 주민들의 불만은 극에 달했지. 동파키스탄은 9개월간 피의 전쟁을 치르고 승리했어. 결국 인도 정부의 지원을 얻어 방글라데시로 독립했단다.

인도와 우리나라는 식민 지배로 분단국이 된 점, 독립 기념일이 8월 15일이라는 것, 인도에도 우리나라처럼 이산가족이 있다는 점, 그리고 내전과 폭력의 후유증으로 쌓인 불신과 증오로 화해로 가는 길이 험난하다는 공통점을 갖고 있단다.

여행을 마치고

인도는 다양한 문화와 풍요로운 자연 속에서 오랜 세월 그들만의 정신적 유산을 지켜 온 나라입니다. 인도에서는 4000년 전의 유적 속에서나 볼 수 있는 사람들을 만나 볼 수 있습니다. 쉽게 말해 우리나라에선 고구려 벽화 속에 나오는 옷차림을 하고 다니는 사람이 없지만 인도에서는 전통의상을 입고 일하는 사람을 일상에서 쉽게 찾아볼 수 있습니다. 200년 간 영국의 식민 지배를 받았고, 또 산업화 과정 속에 자본주의가 인도에 상륙한지도 오래되었음에도 전통문화를 지켜 가고 있다는 것은 정말 대단한 일입니다.

인도의 종교, 사상, 문화는 세계인에게 커다란 영향을 주었습니다. 유럽의 산업혁명과 식민 지배에 밀려 고통을 겪었고, 자본이 힘이고 권력이던 서구화 과정에서도 빠져나와 그들만의 자부심을 되찾고 있습니다. 여행에서 만난 인도인은 낯선 외국인에게 미소 지으며 함께 사진을 찍자고 하는 순박함을 잃지 않은 사람들이었습니다. 인도에서 극심한 빈부격차와 교육 수준의 격차가 있다고, 지저분한 거리를 봤다고, 희망을 잃은 듯한 눈빛을 봤다고, 속임수에 사기를 당했다고 함부로 말하고 무시하지 않았으면 합니다. 인도 안에는 많은 인도가 있습니다. 그런 인도에서 차이보다는 다름을 봤으면 합니다.

인도인들에게 다양한 신을 믿고 섬기는 종교는 삶 자체입니다. 태어날 때부터 정해졌고 결코 바꿀 수 없는 카스트 제도 속에서 수천 년 동안 자기 신분에 맞는 일을 하고, 같은 신분끼리 결혼을 하고, 윤회 사상에 순응하며 살았습니다. 부자들은 과거에 쌓은 선한 일의 결과로 현생에서 잘사는 것이라 여겼기에 그들에게 크게 위화감을 느끼지도 않습니다. 힌두교, 이슬람, 불교, 시크교, 자이나교 등 자신이 속한 종교에 따라 계율을 지키며 살아가는 것이 일상입니다.

다양한 인도이기에 건축물도 다양합니다. 북인도의 경우 이슬람의 지배를 받은 건축물이 많습니다. 첨탑이 있고 둥근 지붕인 돔과 아라베스크 양식이라 부르는 꽃모양이나 기하학적인 문양의 타일로 벽면을 채우고 아치형 벽을 만들었습니다. 반면 남인도는 힌두교 사원이 많이 남아 있습니다. 사각형 틀 안에 평행선이 직각으로 교차해 만들어 내는 격자 모양을 바탕으로 치솟아 오르는 탑에는 정교한 조각으로 신상과 동식물, 기하학적인 문양을 장식해 놓았습니다. 북인도에 곡면을 가진 탑이 있다면 남인도는 피라미드 스타일의 탑이고, 중부 데칸고원 쪽은 두 양식이 섞인 건축물이 있습니다.

인도에는 다양한 인종이 섞여 살지만 서로 조화를 이루며 살아갑니다. 마치 인도 여성들이 입는 원색의 사리나 향신료의 색들이 각자의 색을 드러내도 어색하지 않고 멋스러운 것과 마찬가지입니다. 북서쪽에는 이란이나 그리스인 같은 외모에 엷은 갈색의 피부색을 가진 아리안족이, 동북쪽에는 우리 얼굴과 닮은 몽골인이, 남쪽에는 북쪽에 비해 체구도 작고 더 까만 피부를 가진 드라비다족이 주로 살고 있습니다. 인도 고유의 혈통과 힌두 사원을 간직한 곳은 남인도가 아닌가 생각합니다. 아무래도 북인도가 이슬람의 침략으로 영향을 받았기 때문입니다. 하지만 외국 상선과 교류하는 무역과 영국 식민 지배의 영향 때문인지 남인도에서는 성당과 기독교 계통의 학교를 보는 것은 어렵지 않습니다. 또한 개종을 강요하지 않는 것도 특이합니다.

인도는 지역은 달라도 인도만의 개성을 가진 음식이 공존한다는 것이 흥미롭습니다. 채식을 주로 하지만 종교에 따라 쇠고기와 돼지고기를 가려 먹기도 합니다. 공통점은 향신료 마살라를 넣어 만든 매콤한 국물요리인 커리를 주식으로 먹는데 약 3000여 종에 달한다는 향신료를 조합해 무한대의 맛을 만든다는 것입니다. 향신료 한 가지만 쓰는 것이 아니라 여러 가지를 배합해 천차만별의 맛을 만들어 내는 것 역시 다양성의 나라 인도를 상징한다고 봅니다.

인도에서 전통적인 차별은 약해지고 있습니다. 인도에만 있는 카스트에서는 존귀한 사람과 비천한 사람이라는 신분 서열이 있었지만 현대로 오면서 이런 구분도 약화되고 있습니다. 대학 진학이나 공무원 선발 시 가장 낮은 신분인 불가촉천민에게도 일정 부분 할당하는 배려를 하고 있습니다. 이젠 신분보다 돈의 힘이 더 강해진 듯합니다. 부유한 수드라가 가난한 브라만을 고용해 집안일을 시키고 제사를 지내게 하니까요. 여성 차별도 많았지만 여학생들의 상급학교 진학률로 높아졌고 인권의식도 성장했습니다.

인도는 무한한 잠재력과 가능성을 갖춘 나라입니다. IT산업과 우주산업도 발전해서, 달에 무인탐사선을 보내고 세계 네 번째로 화성 탐사에 성공했습니다. 특히 하나의 로켓으로 여러 위성을 한꺼번에 쏘아 올리는 원천기술은 세계 최고입니다. 우리 인공위성 우리별3호도 인도 남동부 첸나이 북쪽에서 30킬로미터 떨어진 샤르 기지에서 1999년 5월 발사했습니다. 세계 최대 철강기업 아르셀로와 영국의 코러스철강도 인도 기업이 인수한지 오래 전입니다. 인도 농업의 주요 생산품인 쌀, 설탕, 과일, 채소류의 생산은 세계 두 번째입니다. 소를 숭배하는 나라이지만 역설적이게도 쇠고기 수출 세계 1위, 우유 생산도 세계 1위, 소가죽 수출도 세계 1위입니다. 앞으로 우리 청소년들이 펼칠 미래는 이런 인도와 함께하는 것입니다.

두 차례 인도 방문을 통해 느낀 것은 인도는 여전히 새롭고 다채롭다는 것입니다. 북인도에는 크고 작은 자동차의 매연과 경적소리와 무질서가 있습니다. 남인도에는 깨끗한 거리와 예술을 입힌 세련된 건축물이 있습니다. 두 곳을 보면 어떤 모습이 인도인가 어리둥절합니다. 하지만 거대한 대륙 인도도 변하고 있습니다. 대표적으로 2년 전에 비해 기차역에 계단 대신 엘리베이터와 에스컬레이터가 늘고 있었습니다. 뿌옇게 먼지가 이는 울퉁불퉁한 도로에 포장을 한 곳도 확대되고 있습니다. 인도를 한 마디로 단정 짓고 판단한다면 시야를 좁히는 편협함에 갇히게 될 것입니다. 최근 세계화 바람이 불면서 국경의 장벽이 허물어지며 세계 각 지역의 문화적 다양성도 잠식당하고 있습니다. 인도 역시 그 물결에서 자유롭지 못하겠지만 단단한 정체성을 갖고 있다고 봅니다.

여행은 다른 것을 보러 가는 것입니다. 다름에서 보편적인 것을 확인할 수 있지요. 살아가면서 미처 알아채지 못하나 나의 삶에 영향을 주는 존재가 있다고 생각합니다. 소리 없이 나의 삶을 지탱해주는 존재에게 감사합니다. 삶과 죽음에 대해 많이 생각한 인도 여행이었습니다. 비교와 우열의 관점에서 인도를 바라보기보다 다름의 이유를 그들의 관점에서 이해하고 공감하려 했습니다. 문화와 종교, 가치관은 다를지라도 그들 역시 자유와 평화를 사랑하고 오늘을 즐기며 소박한 삶을 즐기고 있었습니다. 차이와 다름이 결코 좋고 나쁨으로 규정되어서는 안 될 것입니다.

특별히 인도를 여행하며 얻은 것을 청소년들과 나누기 위해 글을 썼습니다. 지금 당장 떠날 수는 없어도 인도를 이해하는 데 도움이 되는 길잡이 역할을 하고 싶었습니다. 인도 여행에서 친절한 길벗이 되어 준 친마야, 강지혜 님 고맙습니다. 출간을 허락해 주신 평사리 출판사 홍석근 대표와 세밀하게 교정을 보고 의견도 나눠 준 정미영 팀장의 손길도 잊지 않겠습니다. 무사히 다녀올 수 있도록 응원해 준 가족과 지인 모두에게 감사합니다. 책을 읽은 독자 여러분, 인도 여행의 여정을 함께해 주서서 고맙습니다.

참고문헌

《나는 나만 생각하는 이기적인 시간이 필요했다》, 이화경 지음, 상상출판, 2016.

《나는 인도에서 인생을 배웠다》, 권소현 지음, 소울메이트, 2016.

《나를 부르는 인도》, 송수진 지음, 김용근 사진, 왕토끼하우스, 2016.

《뉴델리에서 쓴 인도인, 인도 상인》, 이운용 지음, 효민디앤피, 2010.

《또 다른 인도를 만나다》, 공영수 지음, 평단, 2014.

《라마야냐》, 김남일 글, 문학동네, 2016.

《비행기에서 끝내는 新인도, 인도인 이야기》, 원형진 지음, 매일경제신문사, 2008.

《삐딱하고 재미있는 세계 탐험 이야기》, 진 프리츠 지음, 이용인 옮김, 푸른숲 주니어, 2003.

《세계를 읽다, 인도》, 기탄잘리 콜라나드 지음, 정혜영 옮김, 가지, 2016.

《세상을 바꾼 탐험》, 김용만 지음, 다른, 2014.

《스무살 인도로 철퍼덕!》, 민사고 오자매 지음, 두리미디어, 2011.

《식탁위의 세계사》, 이영숙 지음, 창비, 2012.

《위대한 영혼, 간디》, 이옥순 지음, 창비, 2000.

《인도는 힘이 세다》, 이옥순 지음, 창비, 2013.

《인도·라다크 문화유적 답사기》, 김종원지음, 여행마인드, 2017.

《인도 100문 100답》, 이광수 지음, 앨피, 2018.

《인도, 암흑의 시대》, 샤시 타루르 지음, 김성웅 옮김, 서런, 2018.

《인도에는 카레가 없다》, 이옥순 지음,책세상, 2007.

《인도의 딸》, 글로리아 웰런 글, 엄혜숙 옮김, 내인생의책, 2007.

《인도 이야기》, 마이클 우드 지음, 김승욱 옮김, 살림, 2018.

《인도 인사이트》, 손창호 지음, 이담북스, 2018.

《전쟁의 역사》, 버나드 로 몽고메리 지음, 송영조 옮김, 책세상, 2004.

《조선을 놀라게 한 요상한 동물들》, 박희정 글, 푸른숲 주니어, 2009.

《종교가 중얼중얼》, 애니타 개너리 지음, 윤길순 옮김, 주니어김영사, 2000.

《처음 읽는 인도사》, 전국 역사교사모임 지음, 휴머니스트, 2018.

《천 가지 표정이 있는 나라 인도야기》, 이재숙 지음, 아이세움, 2010.

《코끼리에 올라타라》, 신시열 지음, 이콘, 2019.

《프렌즈 인도·네팔》, 전명윤 ·김영남·주종원 지음, 중앙books, 2018.

《한권으로 만나는 인도》, 이병욱 지음, 너울북, 2011.

《한권으로 정리한 이야기 인도 신화》, 김형준 엮음, 청아출판사, 1999.

여행지 전체 지도

델리

자이푸르　　　아그라
파테푸르 시크리
　　　잔시　　오르차　　　바라나시
　　　　카주라호

뭄바이

　　　함피
호스핏
할레비드
벨루르　　　벵갈루루　　체나이
　　　　　　　　마말라푸람
마이소르
코치　　　마두라이
알레피
바르깔라　　카니야쿠마리